スパイシー丸山

初めての東京スパイスカレーガイド

さくら舎

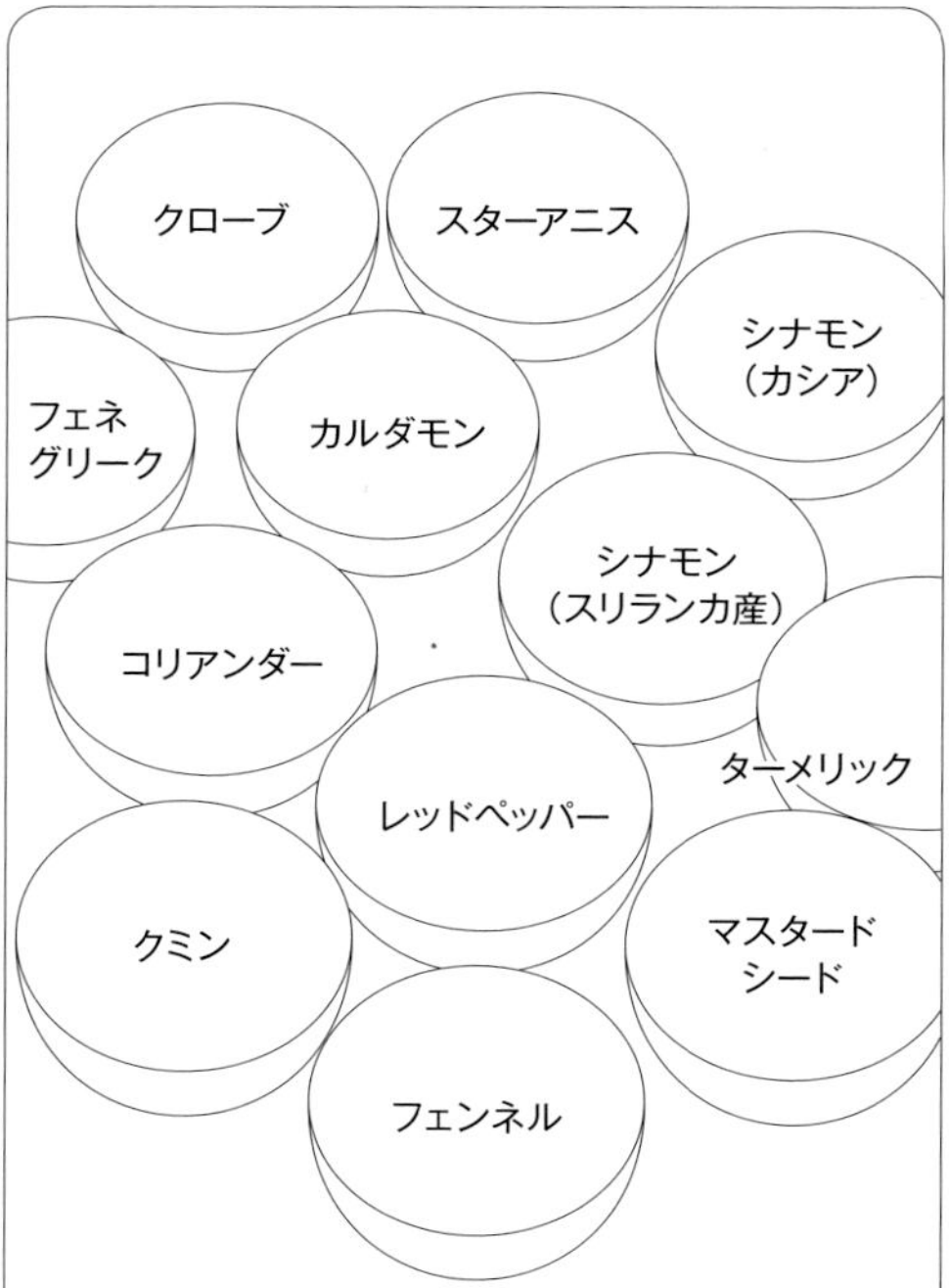
クローブ
スターアニス
シナモン
（カシア）
フェネ
グリーク
カルダモン
シナモン
（スリランカ産）
コリアンダー
ターメリック
レッドペッパー
クミン
マスタード
シード
フェンネル

まえがき

はじめまして。カレー研究家のスパイシー丸山です。

突然ですが、私はカレーを愛しています！

カレーの中でも、とりわけ〝スパイスカレー〟を愛しています!!

ＷＨＹ？　なぜかって？

それはスパイスカレーというだけあって、普通のカレー（カレールーなどで作ったカレー）と違い、スパイスそのものが味の中心に、そして食材の中心になっているからなのであります！

スパイスは日本で流通しているものでおよそ50種類、世界視点で見ると１００種類以上、いや確認されているだけでも５００種類以上（細かく分類するとそれ以上）というものすごい数になります。

有名なものでは**シナモン**、**ターメリック**、**クミン**、**コリアンダー**などがありますが、スパイスに詳しくない方でもカレー好きならこれらの名前は耳にしたことがあるのではないでしょうか。

スパイス。ＳＰＩＣＥ。मसाला。

凄いのはこれらのスパイスたちは味を豊かにするだけでなく、美容や健康にもとっても良い奇跡の食材だということなのです!

我々がふだんよく口にする、日本式カレーまたは欧風カレーとジャンル分けされるカレーは油分が非常に多く、とっても美味しいものではありますが、あまり健康に良い食べ物とは言えません。

味の観点からも、健康の観点からも、私はスパイスカレーを強く強く推すのであります!!

日本人はカレーが大好きな国民です。

スーパー、コンビニ、またあらゆる料理の中に〝カレー〟が入っています(カレー味が存在します)。

しかし、なぜかカレーの本場インドに端を発するスパイスカレーになると、調理する人がほとんどいないのです。とっても敷居が高いものになっているのです。

どうして?? どうして?? WHY???

それは日本人がスパイスを扱うことに苦手意識があること、そして知らないことが原因だと思っています。

本書では、スパイスは扱いがそんなに難しいものではないのだ! スパイスカレーは誰でも作れるのだ! そしてスパイスカレーは何よりも美味しくて、健康にも良い料理なのだ! ということを、たっぷりと訴えていきたいと考えています!!

第1章では、美味しいスパイスカレーを作るのはとても簡単だということを、第2章では東京で本場南インドの味を堪能できる名店を、第3章ではスパイスの黄金比など料理するうえでのキーポイントを、第4章ではスパイスカレーの根幹をなす〝スパイス〟の魅力を、第5章ではスパイスカレーのレシピ、第6章では北インドの料理について、お伝えしていきます。

日本人はもともと手先が器用で、味覚に優れ、マメで料理好き。

この本を読んで実践すれば、あなたはきっとスパイスカレーマスターになり、まだ見ぬカレーワールドをたくさん知ることになるでしょう。

さぁ、向かいましょう! 新たなるスパイスカレーの世界へ!!

それでは、Let's スパイシ~~♪♪♪

目次◆初めての東京スパイスカレーガイド

第1章 スパイスカレーはこんなに美味しく簡単に作れる！

第2章

東京スパイスカレー店ベスト10

エリックサウス　東京駅　八重洲地下街　040
ヴェジハーブサーガ　ＪＲ山手線・御徒町駅　044
アーンドラ・キッチン　ＪＲ山手線・御徒町駅　048
ニルワナム　地下鉄日比谷線・神谷町駅　052
エー・ラージ　ＪＲ山手線・池袋駅／地下鉄有楽町線・東池袋駅　056
ダバ・インディア　東京駅　八重洲　060
コチンニヴァース　地下鉄大江戸線・西新宿五丁目駅　064
なんどり　ＪＲ宇都宮線・尾久駅／都電荒川線・荒川遊園地前駅　068
ケララバワン　西武池袋線・練馬駅　072
ヴェヌス　ＪＲ総武線・錦糸町駅　076

第3章

スパイスの黄金比

早くもスパイスの黄金比の秘密を発表！　082
ワンランク上のスパイシーキーマカレーの作り方　084
味の決め手はカシューナッツ　087

第4章 美容と健康のスパイスの魔法

第5章　スパイスカレーの魅惑のレシピ

第6章

同じカレーでも北インドと南インドではこんなに違う！

初めての東京スパイスカレーガイド

第1章

スパイスカレーは
こんなに美味しく簡単に作れる！

スパイシーカレーラッパー

本題に入る前に、改めて自己紹介をさせてください。

最近は、スパイシーさん（自分のことです）のことを料理人だと勘違いされている方が多くなってきています。

スパイシーさんはカレー研究家と名乗ってはいますが、実は世界初のカレーラッパーでもあるのです。えっ？　カレーでラッパー？　ヒップホップの？　と「??」だらけの方もいるかもしれませんが、そもそもスパイシー丸山としての活動のスタートは料理ではなく音楽活動。スパイスガールズをもじった「スパイスボーイズ」というグループのラップ担当、カレーラッパーのスパイシー丸山さんだったのです。

デビュー曲は（ってYouTubeデビュー曲です……笑）オリジナル曲の「SPICE RAP ～踊れマハラジャ～」という曲で、スパイスの種類と使い方をコンパクトにまとめた曲なんですよね。

YouTubeでスパイシー丸山で検索するといろいろ出てくるので見てみてください。

と、まぁ、スパイシー丸山としての活動初期はラッパーが主で、当初、カレー作りは趣味程度で人に披露するなんて思ってもみなかったんです。

第1章
スパイスカレーはこんなに美味しく簡単に作れる！

あるとき、スパイシーさんの大先輩である電撃ネットワークのギュウゾウ兄さんが四谷《よつや》三丁目《さんちょうめ》にお店を出すことになり、その流れで「丸山はカレー作るんだろ？　じゃ、オレの店でカレーイベントやってみろよ」と無茶振りがありまして、それがきっかけで「カレー夜会」なるイベントがスタート。

多くの人に振る舞うようになり、料理を本格的に追求することになるのです。

この「カレー夜会」。

スパイシーさんの活動の柱の一つです。

あの中島みゆきさんの「夜会」にインスパイアされて勝手に命名（笑）。

スパイシーさんの手作りカレーやインド料理を振る舞いながら、調理パフォーマンスがあったり、カレーラッパーとしての音楽パフォーマンスがあったりと、スパイシーさんのカレー活動の全てが凝縮された、まさに魅惑の宴なのであります!!

基本的に毎回違うメニューを振る舞うのですが、そんなシバリを付けながらちょっと前までは毎月開催していたから自分でも驚きです。

いまは忙しくなったので3カ月に1回のペースだけど、それでも全て一人でやっているのでハードなんですよ、これが。

ハードなのですが、毎度ハンパなく盛り上がるのでやめられないんですよね（笑）。

改めて説明すると、カレー夜会は普通の料理のイベントではありません。フードエンターテイメントショーなんです!!

　スパイシーさんの手作り料理を振る舞い、カレーＬＩＶＥと称した調理パフォーマンスを披露しカレーの作り方をレクチャー、お腹いっぱいになったところでカレーラッパーとしてスパイシー丸山さんが登場！　渾身のパフォーマンスを披露し、お客さん全員が一つになってコール＆レスポンス！　と、文字だけではなかなか伝わりづらいのですが（笑）。

　もともとは小規模でやっていた夜会も気づけば口コミでどんどん広まり、女子率が高くなり、女子高生が一人で参加したり、子連れのママさんが参加したり、カレーマニアの方が来たり、いろんな人たちに来てもらえるイベントにまで成長し感慨深いものがあります。

　なお、文中に「ＹＯ！」というフレーズがたびたび出てきますが、カレーラッパーとしての名残りですのでご理解ください（笑）。

驚くほど簡単に美味しく作れるスパイスカレー

まず、美味しいスパイスカレーが驚くほど簡単に作れる方法を紹介します。もちろん、かなり簡易的なスパイスカレーなので派手さはないです。

しかし、それでも美味しいと自信を持って言えますし、何よりもこんな簡単に作れるんだ！　と驚いてもらえると思います。

あまり小難しいことを書いても逆効果だと思うので、レシピをまずはどうぞ!!

初級者向け 超簡単スパイスキーマカレー

材料：2〜3人前　**調理時間：約25分**

挽き肉（牛豚合い挽き）　300g
玉ねぎ　中1個（みじん切り）
ケチャップ　50g
水　200cc
塩　小さじ⅔
サラダ油　大さじ3

〜パウダースパイス〜
クミン　大さじ1
コリアンダー　大さじ1
ターメリック　大さじ½
レッドペッパー　小さじ½ 〜 1（辛さは好みで）

作り方

① まずは、鍋に油をひき玉ねぎがアメ色になるまで10 ～ 15分ほど炒めます。

② 続いてスパイスとケチャップを入れ1分炒めましょう。

③ 挽き肉を入れて3～4分炒めまーす。

④ 水を入れて5分煮込み、塩で味を調えたらあっという間に完成なのですYO!!!!

point

① 仕上げにガラムマサラ小さじ½を追加すると、香り高くなりさらに美味しくなります。持っている方は入れてみましょう。

スパイスカレーの作業工程をものすごく簡単に表現すると、カレー粉の炒め物のようなものを作り、水分を足して煮込む。それだけなんです！

上級者向けの難しいカレーも、ほぼ同じ工程で作るので、実は料理が得意でない人でもとってもトライしやすい、とても開かれたジャンルだとスパイシーさんは強く思うのであります！

このレシピは、あくまでも超ベーシックなものです。順を追ってちょっとずつ難しくなり、そしてどんどん美味しくなっていきますYO！

このレシピに慣れたら、少しずつ難しいレシピに挑戦してみてください。ほんのちょっとスパイスを追加したり作業工程を増やしたりするだけで、もっと素晴らしいスパイス料理の世界が開けてくるのです。

まずは4種類のスパイスをGETするところから。スパイスカレーへの第一歩を踏み出しましょう。

スパイスはどこで手に入れるの？

スパイスから作るカレー。

今回、この本を書くにあたり、最も啓蒙したいトピックであり、なんとかハードルを下げられないものかなぁ、といろいろ考えながら書き綴っているスパイシーさんです。

「スパイスカレーを作ってみたい！」

そんな欲求を持っている方は本当に多いと思います。

しかし作ってみたいと思っていても、近所のスーパーには多くのスパイスは売ってないし、○オンのような大型スーパーや百貨店のちょっとお高めな食料品売り場に行っても、

「スパイスって高いなぁ、やっぱり、やめておこう」

と、こうなってしまう人も多いと思うんですよね。

もちろん、百貨店などで買える瓶に入ってるスパイスを大量に揃えてカレーを作ることはできますが、正直言うと、高いです。

スパイスに加え食材費がかかるので、これでは外食と同じ出費になってしまうのですね。

これでは作るモチベーションも上がらないってもんです。

では、どうしたら良いのか？

答えは簡単。スパイス専門店で買えばいいのです！

実際、価格がどれくらい違うのか？　というと、スーパーや百貨店に置いてある瓶入りのパウダースパイスは10ｇ程度で２００円ほどしますが、スパイスショップだと１００ｇで２５０～３００円！

つまり、約１／10の値段で買えてしまうんですね。

東京情報ではありますが、スパイシーさんがよく利用しているのは上野《うえの》のアメ横にある大津《おおつ》屋《や》（毎週水曜定休なので注意　※アメ横の賑やかな通りの最後の方にあるたこ焼き屋さんのちょっと手前）。

もしくは野澤屋《のざわや》（こちらは毎月、第３水曜が定休　※アメ横の賑やかな通りに入ってちょっとするとアメ横センタービルというのがあるのですが、その地下。このフロア、アジア系食材がハンパないです！）。

この２つの店舗に行けば、欲しいスパイス、食材はほぼＧＥＴできます。大津屋は全てにおいてクオリティーが高く、パウダースパイスの香りも良いです。

スパイシーさんは、スパイスに関してはほぼ大津屋で揃えてます。

野澤屋は？　というと、他では手に入らないレアなものがあるのでそのために行くことがほとんどですね。

たとえば、南インド料理に必須の**カレーリーフ**（冷凍）があります。

これは本当に重宝しますね!!

他にもスパイスショップはあるのですが、スパイシーさんは上記2つのお店で全てまかなえているので、他はほとんど行かないです。

あっ、もう一つ。

ここ最近、行き始めているのが目黒《めぐろ》のマヤバザール。ネパールの方が経営されていますが日本語がかなり堪能なので、困ることもないと思います。

シナモンが**カシア**しかなく、**スリランカシナモン**をGETできないなどの細かい品揃えは大津屋にはかないませんが、価格が安いのが魅力。

ココナッツファインがとっても安く、豆類、バスマティ米（インディカ米）も安いので何かと重宝します。

JR目黒駅からすぐなので、アメ横にアクセスしづらい方にはオススメのお店ですね。

蔵前《くらまえ》のアンビカショップも有名ですが、自宅からのアクセス、仕事先からのアクセスが悪いのでいまだ行ったことがありません。

気をつけたほうがいいのがオシャレ系スパイスショップ。ヨーロッパ料理やお菓子作り向けのお店の場合が多く、インド料理の基本スパイスも置いてなくてビックリ。逆によく商売ができているなぁ、と感心してしまいます。

もしお近くで手に入らないようであれば、スパイスをネット通販で購入すればＯＫです。

ネット通販の場合は、慣れるまでは日本の方が営むサイトのほうが日本語でやりとりできるので、トラブルも起きづらく良いと思いますね。

アメ横の大津屋はネット通販も充実しています。

http://www.ohtsuya.com/e-commex/cgi-bin/ex_index.cgi

同じくアメ横の野澤屋もネット通販可。（サイトで商品検索できないのが難点）
https://www.0-web.jp/shopping/nozawaya/

アンビカショップの通販サイトもＧＯＯＤ♪
http://www.ambikajapan.com/jp/

と、まぁ、他にもいろいろありますが、これだけでも十分だと思います。

ちなみに、スパイスの基本的なお話をすると、パウダー状のものは「パウダースパイス」（まんまですね）。つぶつぶの状態にあるスパイスは「ホールスパイス」と呼びます。

参考にするレシピなんかを見てみると、ほとんど、ホールかパウダーかが載っていますので、その通りに購入しましょう。

どうしてもハードルが高く感じてしまう方は、市販のスパイスミックスの詰め合わせで始めてみるのも良いかもしれませんね。

ちなみにスーパーで買えるS&B（エスビー）のセットやスパイスメーカーのギャバンの手作りカレー粉セット、井上スパイス工業からもかなり本格的なものが出ています。

スパイシーさんは、こういったキットを使わないのですが、改めて見てみると入門編としてはとても良さそうですね。

まずはスパイスと仲良くなるところから始めて、トライできそうなものからGETしてみてくださーい。

ギャバンの
手作りカレー粉セット

スパイス30種類以上はおおげさ

カレー屋さんに行くと、「当店のカレーには30種類以上のスパイスを使ってます」という謳い文句が書かれてある所が今もそれなりにありますが、この謳い文句のイメージのため、30種類くらいのスパイスを調合しないとカレーは作れない、という難しいイメージが出来上がってしまったような気がします。

うーむ、もったいない。

声を大にして言いたいのですが、多くのスパイスカレーは6～8種類、多くても10種類くらいあれば、めっちゃ美味しいものが作れちゃうんですYO!!!

じゃ、30種類って何なの?? という疑問が出てきますが、良い機会なので、この謳い文句のカラクリを書いてみたいと思います。

あっ、先に書いておきますが、いわゆる一般的なカレーライスや欧風カレーの話なので誤解のないように。

「当店のカレーは30種類以上のスパイスを使っています」というキャッチコピーですが、全てではありませんが、多くの場合に当てはまるのが「当店のカレーは30種類以上のスパイスを使ったカレー粉を仕入れ先から購入し、そのカレー粉を使って作っています」ということなんですね（笑）。

これは勘違いしてほしくないのですが、カレーライスや欧風カレーを作る場合、売られているカレー粉をベースに使ったほうがベストの味になるので、多くのお店が売っているカレー粉を使って作っているのです！

それぐらいカレー粉は素晴らしいバランスの上で成り立っている、奇跡のミックススパイスなのであります！

メーカー別にかけ合わせたり、**クミンパウダー**のみ追加したり、お店によってカスタマイズしていたりもしますが、カレー粉のクオリティーが素晴らしすぎるので、カレー粉自体をお店で一から作る意味は、それほど必要なかったりするのであります。

せっかくなのでもう少し書くと、さらに、アクセントとして**ガラムマサラ**を入れている場合は、その**ガラムマサラ**が8種類のスパイスで構成されていると、「当店のカレーは30種類以上のスパイスが入っています。さらに**ガラムマサラ**も購入してアクセントとして加えているので、38種類ものスパイスが入っているんですよ」。

ということで「当店のカレーは38種類のスパイスが入っています」というキャッチコピーになるわけです。

別に間違ってはいないのですが、多くのお店が店内でスパイスを一から挽いてブレンドしているわけではないのでお間違えのないように。

自分でスパイスを挽かなくてもメーカーにオリジナルの比率で発注をかけていたりするところもありますが、多くの場合は、明らかに大げさに書いてますね（笑）。

もちろん、中にはスパイスを挽いて実際に20種類くらいのスパイスを使っているお店もありますが（20～25種類だと挽いてる可能性はありますね）、その場合は店内にスパイスの原形を置いてディスプレイしてあることが多いです。

店主もちゃんとスパイスを挽いていることを理解してもらいたいので、あえて見えるように置いてある場合がほとんどかと。

ほんのりスパイシーなカレーライスなのに、カレー粉ベースではなくスパイスを挽いて一から自家製カレー粉を作って出していて、それでいてスパイスのディスプレイもせずカレーを提供していたのは、今はなき大沢食堂《おおさわしょくどう》（東京都文京区本駒込《ぶんきょうくほんこまごめ》にあった激辛カレーの名店）くらいしかスパイシーさんは知らないなぁ。

あとはスパイス感満載の欧風カレー店、荻窪《おぎくぼ》のトマトも明記しなくてはいけませんね。あのお店は凄いです。

最近はS&Bの赤缶（カレー粉）を堂々とディスプレイしているお店もけっこう増えてきてますが、スパイシーさん的にはそのほうがめっちゃ好感が持てたりするのになぁー。

普通すぎるカレーなのに無駄に「30種類以上」を強調するところがたまにあり……、何とも言えない気持ちになってしまうので、良い機会なので書いてしまいました（笑）。

とにかくカレー作りに30種類のスパイスは必要ありません。スパイスで作りたい場合は6～10種類、ルーを使わないカレーライスもカレー粉と小麦粉でめっちゃ美味しいものが作れるので、皆さん！　気軽に作っていきましょ――!!

＊カレー粉（カレーパウダー）

イギリス発祥のミックススパイス。

カレーがイギリスに伝わったのは18世紀後半（記録によると1772年）。インドのカレーを再現するために持ち帰った混合スパイスが進化し、簡単にカレー料理が作れるカレー粉へと発展した。

世界初のカレー粉はクロス＆ブラックウェル社が製造したC＆Bカレーパウダー（発売年は不明だが19世紀初めにはイギリス国内に広く流通）。現在も販売され続けているロングセラー商品である。

カレーを日本に伝えたのはイギリス。小麦粉を使いシチュースタイルで作るのはそのためである。

日本で販売されているカレー粉には20～30種類のスパイスが使われているが、メーカーによってスパイスの種類や配合割合は異なっている。

日本にカレーを伝えてくれたイギリスだが、本国では小麦粉を使うシチュー式カレーはほぼ絶滅。現在ではインドカレーが好まれ、レストランやパブなどで食されている。

スパイスカレーは足し算

カレーを極めている方の言葉の中で、共感できることもたくさんあるのですが、どうも賛同しかねるなぁ……という言葉もあったりします。スパイシーさんが我流で学んできたからなのかもしれませんが。

その中の一つで、あのタ○リ氏も提唱している「カレーは引き算」という言葉があります。余計なものは入れずに、必要最小限になるまで引き算して作ると美味しい！　って話のことです。

あのタ○リ氏のお言葉なのに、反論する気か？　コイツは何者だ？　と、ツイッターでツイートしたらお叱りのリプライばかりきそうなトピックですが、「カレーは引き算」、半分くらいは賛同しますが、全面的にこの言葉を肯定することはできないんですよね。

個人的には、むしろカレーは足し算だ!!　と真逆のことを思っています。

その象徴とも言えるのが、スパイシーさんが大好きな南インド料理。

ナンで食べるような北インド料理では器に盛られたカレーをぐちゃぐちゃ混ぜ合わせることは、ほとんどしませんが、インドの南部の料理はチャパティやナンなどのパン類ではなくお米が主食。

そのお米にいろんなカレーをぶっかけて、混ぜ混ぜして手で食べるのが日常的なんですね。

そして、これが抜群に旨いのです!!

単品でも十二分に美味しい各種カレーたちが他のカレーと合わさると、その美味しさは別次元。各種カレーを混ぜ合わせれば合わせるほど、香りの厚みが増して、至福の瞬間がやってくるのであります!!!

これって、引き算ではなく、明らかに足し算ですよね。

インドカレーをライスで食べる場合は日本米よりもバスマティライスやジャスミンライスで食べたほうが美味しいですが、日本米にはないパラパラ感だけでなく、お米自体に香りがあるので、お米の香り×スパイスの香りによる香りの相乗効果により、より一層美味しく感じるものなんだと思います。

インド料理に忠実なものではなく、一般的なカレーと呼ばれるものはかなりアバウトな作り方でも、いろんなものを入れても、最終的にかなりの確率で美味しくまとまる不思議な食べ物です。

「カレーは引き算」は、独学や思いつきで余計なものをバンバン入れて作る人に向けての言葉なのかもしれませんが、そうでない場合は、経験的に香りを重ねることによる美味しさを何度も何度も味わっているので、素直に同意できないんですよね。

インド料理だけでなく、スパイシーなインド風カレーやオリジナルカレーなんかにも、あいがけや3種がけがあったりしますが、これらのカレーを混ぜ合わせてみると、面白いくらいに新たな美味しさを作り出すことができたりするんですよね!!

「カレーは足し算である」、正確に言うと「カレーは香りの足し算である」。

この足し算の喜びを多くの人に知ってもらいたいものですなぁ～!!

南インドカレーと北インドカレー

先ほど「南インド料理（カレー）」という言葉が登場しましたが、インドカレーには大きく分けて南インドカレーと北インドカレーがあります。

スパイシーさんが推しているのは南インドカレー。

この南インドカレーとはどんなカレーなのかというのを、改めて北インドカレーと対比しながら説明したいと思います。

インドのカレーというと〝ナンにつけて食べる、もったりとしたカレー〟というイメージの人が多いと思いますが、そのように一般的にイメージされるインドカレーは「北インドの料理（カレー）」。インド全域で食べられているカレーではないんですね。北インドはパン類が主食なのです。

では、スパイシーさんを含めた、多くのカレーマニアを虜にしている南インドのカレーはどんなカレーなのか？

南インドはお米が主食なので、お米に合わせて食べるカレーです。どちらかというとシャバシャバしたものが多く、スパイスの香りだけでなく酸味と香ばしさをアクセントにしたカレーが多いのが特徴です。

第5章で紹介するラッサムというスープは辛くて酸っぱくてパンチの効いたニンニクのコクでまとめ上げる、とうていカレーとは思えない料理ですが、他にも同様にカレーとは思えない料理がたくさんあるのであります。

さらにもう一つ大きな特徴を挙げると、お米と各種カレーをかけ合わせ、思いっきりぐちゃぐちゃ混ぜ合わせて食べる！　ということ。

混ぜ混ぜすることで各種カレーの香りが重なり合い、重ねるカレーの分量をちょっと変えるだけで違う表情を楽しめる♪♪　この喜びを知るとカレーやスパイス料理への価値観が変わりまして、どんどん抜けられなくなり……、まさにカレー中毒となってしまうのであります!!!

もし南インド料理店に行く機会があったら、南インドの定食である、ミールスというメニューをオーダーしてみてください（ワンプレートにいろんなカレーが盛りつけられている南インド式の定食。多くのお店のメニューにラインナップされていて、この本のカバーの写真もミールスです）。

数種類のカレーが並べられて出てくるので、それらをライスにぶっかけて、豪快に混ぜ混ぜして食べてみてください！

食べ終わる頃にはきっと新たな扉を開けていることでしょう！

ホント、この喜び多くの多くの人に知ってほしいなー。南インドスパイシ〜〜♪♪♪

パキスタン
ニューデリー
ネパール
インド
ムンバイ
アーンドラ・プラディーシュ州
ゴア州
カルナータカ州
タミル・ナードゥ州
ケララ州
スリランカ

南インドのエリア

あっ、一つ言い忘れました。

南インドと言っているけどどこなんだ？　という突っ込みがあるかと思います。

南インドと呼ばれるエリアは意外と少なくタミル・ナードゥ州、ケララ州、アーンドラ・プラディーシュ州、カルナータカ州、の４州。

それにゴア州を加える方もいればゴアは違うだろ！　派の方もいまして、ま、とりあえず上記４州が、いわゆる南インドというエリアになりそのエリアの料理が南インド料理ということになります。

手食のススメ

スパイシーさんは作るだけでなく食べ歩き活動も行っていますが、いろいろなお店を食べ歩きながら思うのは、特にカレーやインド料理を含めたエスニック料理というジャンルの場合、日常では味わえない非日常感を求めている部分が多いよなぁーってことです。

料理の内容だけでなく、お店の外観、内装、食器、接客、これらにしっかりと非日常的要素を持っているお店はだいたい繁盛していると感じます。

食事に非日常感を求める。これが自宅でできたら最高ですよね!!

自宅でのマニアックな料理作り、趣味としてのカレー作りやインド料理作りというのも非日常感を体感させてくれますが、もっと簡単に非日常感を味わえないものか??

そう! そんな時にオススメしたいのが、ズバリ「手食」なのですYO!!

手で食べる、ただそれだけなのに不思議とテンションが上がる魔法の行為「手食」。特に難しい料理を作らなくても、お金をかけなくても休日の食事に有意義な刺激を与えてくれるので、非日常を求める多くの人に楽しんでもらいたいんだよなぁ!!

もし、可能であればインド米かタイ米があるとベスト。日本米は粘度が高く手にくっつくので、手食には適していないお米なのであります。それでもできなくはないので、ない場合は日本米で指がベタベタになりながらLet's手食♪♪　それこそ、不思議な高揚感が生まれるってもんです（笑）。

カレーはレトルトでもOK。

最近は、中村屋シリーズのようなクオリティーの高いインド風レトルトカレーなんかもあるし、にしきやのマニアックなインドカレーレトルトシリーズなんてインド料理店顔負けの品揃えですからね。

そしてこの場合の主役はカレーではなくてあくまでも「手食」という行為。手で食べる喜びに集中できればそれでよいのです。

お米にカレーをかけて（米、カレーともに冷ましてから食べましょう。熱いと無理です……笑）、あとは手でグチャグチャ混ぜ合わせて口に運ぶだけ。

背徳感とともに感じる不思議な高揚感（笑）。

箸やスプーンから解放されると、食べるという行為がこんなにも刺激的になるのであります!!

イエッス！　手食バンザ――イ!!

ちなみに、手食の仕方がよくわからない、という方がいますが、見よう見まねで何とかなるものです。一応書いておくと、人差し指から薬指までの3本と親指で食べる感じになります。

なんとなく第一関節から第二関節にいかないくらいまでの量を手ですくって（つまんで）、

口に入れる時に親指で押し出すようにしてあげるとスムーズにいきますね。って、こうやって書いても伝わらないので、とりあえず実際にやってみてください。最初はぎこちなくても5口目くらいで慣れてきますYO！

スパイシーさんも誰かに教えてもらったわけではないので完璧かどうかは不明ですが（笑）、上手に食べることができればOKだと思っています。

そもそもが手で食べるという行為。箸のような作法は気にしなくていいのかと。慣れていてもいなくても、機会があったら南インド料理店で手で食べてみると外食がさらに非日常的で充実した時間になるので、勇気を出してトライしてみるのもいいですね〜。スマホで撮影しづらくなる以外は（笑）。

ホント、テンションが上がる最高の食事タイムになりますYO♪♪

そして、ここまで書いておいてなんですが、間違っていけないのは、全てのインド料理店で豪快な混ぜ混ぜ手食が正解か？　というと、南インド料理店以外は、グチャグチャ混ぜる式の手食は必ずしも正解ではないんですよね。

機会があるとインドの方に手食について聞くようにしているのですが、多くの北インド出身者は、「手で食べるけど、南インドのようにグチャグチャに混ぜては食べません。スプーンも使いますよ」と答えるんですよね。

ナンやチャパティは手でちぎって食べるし、手でOKな料理は手で食べるし、けっきょくは手食なのですが、南インド式の、全てグチャグチャに混ぜて食べる豪快な手食はどうやらインドでも特殊なスタイルのようなんです。

それどころか人によっては、豪快な手食をバカにしてる雰囲気もあったりしてビックリです。豪快な手食こそが真のインドスタイル!! とスパイシーさんも勘違いしていた時期もあったのですが、その時に「ソレハ南部ノ食べ方デスヨ。ワタシノ故郷デハ、ソンナ食べ方ハシマセンヨ」と、インド人の店員さんに何度か指摘されたことがありまして……（苦笑）。

それ以来、南インド料理店以外では気をつけるようにしているんですよね。

豪快な手食は楽しいのですが、全てにおいて正解ではない！ ということも伝えておかなければ誤解が生まれると思い、少ない情報量の中あえて書いてみました。

ＴＰＯをわきまえると新たな食の喜びが発見できる魅惑の行為、「手食」からの「混ぜ混ぜ」。

まずは自宅でこっそり試してみてくださ――い♪♪

第2章

東京スパイスカレー店ベスト10

エリックサウス

東京駅　八重洲《やえす》地下街

ビギナーからマニアまで集う地下街のオアシス

この章では東京のオススメ南インド料理店を紹介したいと思います。どの店もスパイシーさんが自信をもって推薦できる素晴らしい料理店です。まず行っていただきたいのは、東京駅八重洲地下街にあるあのお店。カレースタンド形式なのに、本格南インド料理を思う存分楽しむことができる「エリックサウス」なのですＹＯ‼

東京は南インド料理店がたくさんあるので、他にも美味しいお店はたくさんあります。ですが、ディナーミールスが２０００円程度するところが多かったり、一人で入りづらかったりする所もあったりで、慣れていない方には、ハードルが高く感じてしまうお店がけっこう多いのです。

情報を見て気になり、初めて南インド料理を食べに行ってみよう！　と思った方がお店の前まで足を運び、ちゃんと店内に入り、実際に食べると料理にしっかりと感動があり、さらにお会計時にも高すぎるなぁ……、と思わせない、それら全てのポイントを考慮した時、エリックサウスは抜きん出ているお店だと強く思うんですよね。

南インド料理初心者の方は、前章でも触れている南インドの定食、ミールスからオーダーしましょう。いや、ミールスしかオーダーしないでください（笑）。

ベジ（菜食料理のみ）とノンベジ（肉カレーあり）がありますが、ノンベジのほうがわかりやすい味わいなのでまずはノンベジのエリックミールスで。

肉カレー×2、サンバル（豆と野菜のカレー）、ラッサム（辛くて酸っぱいスープ）、ベジ料理が1品の構成となりますが、まずは、南インドらしい酸っぱ辛い不思議テイストのラッサムから食べてみましょう!! タマリンドの酸味とニンニクのコク、**胡椒**と**唐辛子**の辛さが入り混じったそのテイストにびっくりした後は、豆のほっこりとした美味しさがほんのり酸味のある汁の中で楽しめる、サンバルを食べてみてください。

南インド料理初体験の方はこの辺で気づくはずです。いつものインド料理ではないなぁ、と。その後は肉カレーをまずはそのまま楽しみ、続いて肉カレーをライスにかけて、その上から、サンバルとラッサムをぶっかけ、グチャッと混ぜて食べてみてください!!!

それだけでも美味しい肉カレーに、酸味と辛味と香りとほっこり感が加わり、表情がグッと変わるのがわかると思います。

さらに菜食カレーを追加で入れて、肉カレーをかけて、サンバル、ラッサムを合わせ、パパドという豆のせんべいが付いてくるので、せんべいの一部を砕いて、ふりかけのようにかけて、グチャッと混ぜ合わせて食べてみてください!!!

先ほど混ぜ合わせたカレーと表情に新たな香りと菜食料理の食感、パパドのクリスピー感も加わって、さらに違うステージに突入するのがわかると思います!!

サンバルとラッサムはお代わり自由なので、サンバルたっぷりバージョンやラッサムたっぷりバージョンを作ってみたり、シメはそこに無糖ヨーグルトを混ぜてさっぱり楽しんだりと、食べ終わる頃には自分でカスタマイズしながら楽しむ南インドのミールスの世界に魅了されまくっていると思いますYO♪♪

ま、ミールスを置いている南インド料理店なら、この喜びはどこでも味わえるのですが、一人で気軽に入れて、低価格で、さらにハイクオリティーな料理が楽しめ、サンバル&ラッサムのお代わり自由なので、カスタマイズもし放題。

店員さんも全員日本人なので、わからなくなったらいろいろ聞くこともできるし、やはり、南インド料理初心者がミールス体験をするなら、エリックサウスはオススメなんですよね!!!

さらに付け加えると、ティファンと呼ばれる南インドの軽食も付いてくる贅沢仕様なところもポイント。ワダという惣菜ドーナッツ、ウプマという日本のおからのような食感の料理を、ココナッツペーストやサンバルと合わせて楽しむのですが、ティファンはカレーにはない南国的な美味しさが詰まっているので、一つのプレートでこれまた新鮮な食体験が楽しめるのです。

シーズンごとに登場する季節限定カレー（魚or肉）はマニアの方に特にオススメ。レアすぎるノンベジメニューが毎度登場するので、スパイシーさんも新作が出ると気づけばお店に向かっているんですよね（笑）。

しかもレアな限定カレーにも菜食カレーをオプションで加えられるというフレキシブルなメニュー構成が嬉しすぎ!! マニアが喜ぶツボをしっかりと心得ているのであります。

ビギナーもマニアも楽しめる地下街のオアシスで南インド料理を存分に堪能してみましょう。

エリックサウス(ERICK SOUTH)
東京駅八重洲地下街 中4号（八重洲地下一番通り）
TEL:03-3527-9584
[月~金] 11:00~15:00 15:00~22:00(LO21:30)
[土・日・祝] 11:00~15:00 15:00~21:30(LO21:00)
定休日 無休
レギュラーミールス 1180円
エリックミールス(ノンベジ) 1450円
菜食ミールス 1450円
季節限定カレー 800円前後

ヴェジハーブサーガ

JR山手《やまのて》線・御《お》徒町《かちまち》駅

アルコールもNG　本気すぎるピュア・ベジタリアンのお店

スパイシーさんはもともと肉が大好き。

カレーといえばビーフorチキンorポークというスタンスでカレーライフを送っていましたが、ある時期を境に野菜の魅力にどっぷりとハマってしまいました。

理由はもちろんインドのベジ料理。最初は南インド料理を追求する過程でその美味しさにノックアウトされ、その流れで北インド料理をはじめとする各地域のベジ料理に興味津々。

今でも肉は大好きですが、インド料理だったらベジタリアンになれるな!!　とまで本気で思っているのですＹＯ!!

さて、そんなインドのベジタリアン料理を思う存分楽しめるお店が、御徒町にある「ヴェジハーブサーガ」略してＶＨＳ。

インド料理店が溢れる東京でも珍しい完全ベジタリアンのお店で、宗教上の理由からアルコ

ール類も一切置いていないという徹底っぷりなのであります！（他にもベジ専門店はあるけどアルコールNGは本当に珍しいです）

メニューブックにあるのは全てベジ料理。しかも南北どちらのベジ料理にも対応しているから嬉しいんですよね。

ミールスの内容が充実しているのでミールスをオーダーすることが多いですが、ディナーのアラカルトの値段がかなりリーズナブルに設定されているため、勉強を兼ねて一人でアラカルト料理をオーダーすることもけっこうありますね。

サンバルやラッサムの魅力は十分伝わっていると思うので、あえてそこを外すと、オススメはナスを使ったカレー。

ヴァッタ・コランブなんか良いと思うなぁー。

濃厚なトマトベースのカレーなのですが、素揚げしたナスのジューシーな美味しさがグレービー（煮焼きで出る汁）と絡みつくように合体し、重厚なトロトロナス×濃厚なグレービーの合わせ技で肉好きでも満足できるパンチある美味しさが待っているんですよね!!

ベジ料理は肉料理と比べるとグッとスパイス量が減るのですが、このヴァッタ・コランブもスパイス構成はめちゃくちゃシンプル。

ですが、ですが、野菜の風味と少量のスパイス、ガーリック&ジンジャーと油のパンチでご馳走カレーに仕上がっちゃうからインドのベジ料理は凄いのです!!!

さっぱり系だとヨーグルト&ココナッツ料理のアヴィアルなんていうマニアックなメニューが850円でオーダーできるのも嬉しいところ。

ヨーグルトは北インド料理で多用されることが多いですが、南インドでもヨーグルト使いの料理ってけっこうありまして、ヨーグルトに**マスタードシード&カレーリーフ**で香ばしさをつけた南部特有のテイストは追求する価値大アリの美味しさ。

サンバル&アヴィアル、ヴァッタ・コランブ&アヴィアルなんかで楽しんでみると、新鮮な食体験が楽しめちゃいますYO♪♪

宗教上の理由でアルコール類を置けないため、食事会を開きづらいお店ではあるのですが(苦笑)、一人食べ歩きをされている方には問題ないかと(相席率は高いですが……笑)。

特に男性は「カレーといえば肉」という価値観に縛られているように見えますが、ベジ料理にこそ真のインド料理の魅力が詰まっているとスパイシーさんは強く思っています!!

ちなみにお店がある御徒町は、アメ横のスパイスショップ、大津屋からも近いのが嬉しいところ。

なので、スパイシーさんは大津屋や野澤屋でスパイス類を購入した後、もしくは行く前に寄ることが多いんですよねー。

スパイス購入↓絶品菜食インド料理を堪能!! の魅惑のコースでぜひ御徒町界隈を楽しんでみてください。

ヴェジハーブサーガ
東京都台東区上野5－22－1 東鈴ビルB1
TEL：03－5818－4154
11：15～15：00（LO14：30）
17：15～23：00（LO22：30）
定休日 日曜
ランチミールス　1850円
ディナーアラカルトカレー　900円前後
ティファンメニュー　480円～

アーンドラ・キッチン

JR山手線・御徒町駅

■インド式クレープとアーンドラ料理は一食の価値大アリ

御徒町は菜食料理の「ヴェジハーブサーガ」「ベジキッチン」、日本式スパイスカレーの代表格「デリー」と選択肢は多いですが、ガチンコ南インド料理を楽しませてくれる「アーンドラ・キッチン」という名店もあるから嬉しすぎ!!!

店名の通り、南インドの中でもアーンドラ・プラディーシュ州の料理が楽しめるこちらのお店。

アーンドラ料理は特に肉料理が美味しいので、御徒町でランチ時に肉カレーが食べたい時はアーンドラ・キッチンのノンベジミールスをオーダーすることが多いですね。

とはいえ、アーンドラ料理と他の南インドエリアの料理の違いってのはミールスなどではわかりづらいですが、よりアーンドラ料理っぽさを楽しみたい方はディナーのアラカルトがGOOD。

アーンドラ・ロヤラ・イグル（エビ料理）、アーンドラ・チェパラ・プルス（魚料理）、アーンドラ・マトン・ウェプドゥ（ドライ羊肉料理）etc.がありますが、オススメなのが、アーンドラ・ミリヤラ・コーディ・プルスというシャバシャバグレービーがベースのペッパーチキンカレー。

南インド式ペッパーチキンの代表格、チェティナード・ペッパーチキンのような**シナモン（カシア）**＆**フェンネル**の香りはほぼなく、**ターメリック**がほのかに香る比較的あっさりめのスパイス使いなのですが、削ったココナッツのマイルドな風味やガーリック＆ジンジャーのコクを上手に使い、他のエリアのカレーとは違う新鮮な食体験をすることができるんですよね。

そして、アーンドラ・キッチンに行ったらぜひとも食べてもらいたいのが、南インドの軽食たち。

南インドではティファンと呼ばれる、しっかりとした食事とは違う、軽食を食べる習慣があるのですが、アーンドラ・キッチンのティファン、特にドーサの美味しさはハンパない!!!

ドーサは南インド式クレープって言えばいいんですかね。

パリパリ＆モチモチのクレープ生地に豆＆野菜カレーのサンバルやココナッツやトマトのチャトニをディップしながら食べる食べ物なのですが、香ばしく、クリスピーで南国的なティファンの美味しさを知ると、さらに南インド料理の世界から抜けられなくなってしまうのであります♪♪

ティファン初心者が最初にトライすべきはマサラ・ドーサ。ドーサってクレープ生地だけでも美味しいのですが、マサラ・ドーサにはジャガイモのスパイス炒めが入っていて、イモのホクホクとした食感、ほっこりスパイシーなスパイス炒めの美味しさがパリパリ&モチモチのドーサ生地と合わさり、ドーサの美味しさが一気に倍増!!

さらに南国感漂いまくりのココナッツペースト（ココナッツチャトニ）やサンバルと合わせて楽しむので、カレー料理にはないヤミツキな美味しさへと大変身してくれるんですよね!! 個人的にはプレーンなドーサは物足りないので、よっぽどのことがないとオーダーはしないです。はいっ、マサラ・ドーサ一筋なのであります（笑）。

見た目も筒状の巨大なクレープって感じで出てくるので、ヴィジュアルだけでもテンションが上がること間違いなし!!!!

アーンドラ・キッチンではランチから絶品マサラ・ドーサが楽しめるので、それ目当てでお店に行っても良いと思いますよー。

ちなみに、ドーサ、ワダ、ウタパム、ウプマなどのティファン類は東京にある多くの南インド料理店でも楽しめるので、見つけたら試してみましょう。

銀座には姉妹店のアーンドラ・ダイニングがありますが、利用頻度は御徒町のほうが高いので、こちらを紹介させていただきましたー。

アーンドラ・キッチン(Andhra Kitchen)

東京都台東区上野3‐20‐2 水野ビルB1
TEL:03‐5818‐6564
[平日] 11:15〜15:00(LO14:30)
17:00〜23:00(LO22:00)
[土・日・祝] 11:30〜15:00(LO14:30)
17:00〜22:00(LO21:00)
定休日 無休
ランチ 790円〜
ランチミールス 1290円
ディナーミールス 1950円
ディナーアラカルトカレー(ノンベジ) 1200円前後〜
マサラ・ドーサ 1150円

ニルワナム

地下鉄日比谷《ひびや》線・神谷町《かみやちょう》駅

南インド料理食べ放題の奇跡のランチビュッフェは東京の宝

巷に溢れるなんちゃってインド料理店のランチでよく見かける、ビュッフェスタイルでナン食べ放題。たしかにお得ではありますが、お腹だけ膨れて料理の感動が全くない場合がほとんどなんですよねぇ。

ってか、このスタイルのランチビュッフェはなぜかどこも同じ味（苦笑）。

これがめちゃくちゃ美味しい料理だったら最高なんだけどなぁ……という妄想が現実になった凄いお店が東京にはあるのです!!　イエッス！　神谷町の名店「ニルワナム」なのですYO!!（虎ノ門《とらのもん》店、有明《ありあけ》店もあります）

ランチタイムは上記の通りビュッフェスタイルなのですが、ビュッフェでこんなに美味しいものを食べることができるインド料理店をスパイシーさんは他に知りません!!

ホント、そう断言できるくらいのランチビュッフェなのに、ガチンコに美味しい南インド料理の数々を楽しむことができる凄いお店なのです。

日替わりでいろいろな南インドスタイルのカレーが出てくるので、毎日行っても飽きることはなく、たとえばマトンカレーでも、ほんのりレモン風味の爽やかなテイストの時があったり、シナモンががっつり効いた時があったり、ココナッツがたっぷり入ったタイプがあったりと、行くたびに新鮮な美味しさが待っているんですよね。

ベジカレーも必ず3種類あって、定番のサンバルはいつも置いてあるのが嬉しいところ。日によっては雑炊のようなベジ料理「Bisi Bele Bath」などのマニアックな料理が食べ放題だったり、肉カレーと合わせてトータル6種類という信じられない大盤振る舞い。カレーだけでもすでにビックリなのであります。

そして、ニルワナムが凄いのはカレーだけでないところ。

一般的なお店はナン食べ放題ですが、ニルワナムのビュッフェは南インドの渦巻きパン、パロタが食べ放題。さらに南インドの豆粉ドーナッツ、なんとあのワダまで食べ放題というからテンション上がりまくりなのであります!!

先述の通り、ティファン（軽食）には欠かせないサンバル（豆と野菜のカレー）も必ずビュッフェで出ているので、ティファン好きの方はひたすらサンバルやワダだけ楽しみ、シメにデザートでも十二分に元を取れちゃうんですよね（ティファン狙いの方は揚げたて、焼きたての料理が出てくるオープン直後がオススメ）。

日によってはインド式スパイス炊き込みご飯のビリヤニやプラオがあったり、デザートもあるので行くと必ずお腹はパンパン。何度行っても必ず満足して帰ることができる、まさに奇跡のビュッフェなのであります!!

もちろんディナータイムの美味しさも都内トップクラスで、食事会で使うのもGOOD♪♪

オススメアラカルトをいくつか挙げると、まずは爽やかなレモンの香りがたまらないドライ料理のレモンチキン。

ココナッツミルクベースの濃厚なケララチキンカレーのグレービーを煮詰めたような濃厚なカレーソースに、爽やかなレモンの酸味と香りが加わり、食べると気分は一気に南国。スターターとしてかなり大活躍しますYO♪♪

ベジ料理ではベジタブルハイドラバディも隠れた名品。

ベジ料理といえばマイルドなものがほとんどですが、このカレーは珍しく辛口仕立て。ベジ料理はあまりお酒がすすまないのですが、刺激的な辛さがアクセントのこのカレーはお酒との相性も抜群なんですよね!!

あとはココナッツミルクベースの魚料理、マラバーフィッシュカレーも機会があれば試してほしいですね。スパイスの効いた魚料理の美味しさはインド料理を追求していくとどんどん開眼していくのですが、ココナッツミルクで食べるインド南部の魚料理は多くの人に味わってもらいたいところ。

特にココナッツミルクをたっぷり使うマラバール地方の魚カレーはよりトロピカル感が強くなるので、南国料理好きな人は間違いなくハマる美味しさなんですよね!!!

ま、リッチに楽しめるディナータイムもたまりませんが、それは第2ステージ。まずは奇跡のランチビュッフェを堪能し、その凄さを味わってほしいところです。

神谷町店、虎ノ門店、有明店ともにやっているので、ぜひお腹いっぱい食べまくってみてください。

ニルワナム（Nirvanam）神谷町店
東京都港区虎ノ門3-19-7 大手ビル2F
TEL：03-3433-1217
[月~金] 11:15~14:30
[月~土] 18:00~22:00(LO21:45)
定休日　日曜
ランチビュッフェ　1200円
ドーサメニュー　1200円~
ディナーアラカルトドライ料理　1000円~
ディナーアラカルトカレー　1300円~

エー・ラージ

JR山手線・池袋《いけぶくろ》駅／地下鉄有楽町《ゆうらくちょう》線・東池袋駅

店主が帰郷していてもご愛嬌

驚異的なコスパを誇る、神谷町&虎ノ門&有明の南インド料理店「ニルワナム」のランチビュッフェですが、カトリ（インド料理で出てくる小さなステンレスカップ）がたくさん出てくる、いわゆるスタンダードなミールスでのコスパが凄いお店を挙げるとすれば、東池袋の「エー・ラージ」だと思いますね!!

人気のノンベジのランチミールスは肉料理2品、魚料理1品、野菜料理3品、デザート1品の計7つのカトリが登場!!

さらにカチュンバサラダ、プーリ、バナナも付いてきて1300円というから驚きです!!!

ランチで1300円は高いかなぁと思う方も、実際に目にすると、その品数の多さに納得していただけると思いますYO!!!

ベジも美味しいですが、やはりエー・ラージの魅力は攻撃的な肉料理。

出てくる料理は日によって違うので、必ず攻撃的なカレーに出会えるわけではないのですが、目が覚めるような切れのある辛さとカルダモン強めのシャープな香りの肉カレーは、一口食べるだけで、テンションをズキュンと上げてくれるんですよね!!

ディナータイムのアラカルトでマトンマサラやチキンマサラをオーダーすると、あの攻撃的なカレーが味わえるので、好きな方は個別オーダーといきましょう。

ちなみに、お店の厨房をまわしているのは店主、ラージさん一人なのですが、一人なのにティファン(軽食)も作るし他店にないメニューもけっこうあるからビックリ!!

ベーシックなティファンもいろいろありますが、せっかくなので他では味わえない軽食で攻めてみたいところ。

その流れでいくとオススメは、クットゥ・パロータという屋台料理ですかね。

見た目はちょっとチャーハンっぽいのですが、テイストもスパイシーなチャーハンっぽいというとっても不思議な料理。

しかもベースになっているのはライスではなくパンというから驚き!!!

南インドの渦巻きパンのパロータをバラバラに砕いて、それを鉄板で焼いてさらに砕いて野菜類とスパイスと一緒に炒めて混ぜて……、もとがパンなのにスパイシーなチャーハンみたくなるから摩訶不思議なのであります!!!

ちなみに、クットゥというのは混ぜるという意味で、ミールスでよく見かける、ダルとココナッツミルクがベースになったあのカレーが入っているわけではないので誤解のないように。名前の通り、パロータを混ぜた（クットゥ）料理ってことなのでした。

合わせるカレーは（そのまま食べても良いですが）、面白いところでは内臓系のカレーが置いてあるので、トライしてみるとさらに新鮮な食体験が味わえますYO♪♪♪

レバーのカレーや砂肝のカレー、モツのカレーなんかがありますが、柔らかいモツを爽やかなカルダモンの香りと一緒に楽しめるポディ・マサラなんかは、エー・ラージらしくてオススメかなぁー。

ミールスも美味しいですが、他にはないアラカルト料理も充実しているエー・ラージ。ぜひ気になる料理をいろいろオーダーしてみてくださーい。

あっ、２０１５年は長期休暇はありませんでしたが、毎年2~4月はインドに帰郷されるため休みの場合が多いです。

はいっ、２カ月のお休みは普通なんですよね（笑）。

この時期に行く場合は、事前の確認がマストになりますので注意しましょう。

エー・ラージ(A・Raj)
東京都豊島区南池袋2－42－7
TEL:03－3981－9688
［ランチタイム］　11:30～15:00(LO14:30)
［ディナータイム］18:00～22:30(LO22:00)
定休日 火曜　※月曜の不定休あり
ランチミールス(ノンベジ)　1300円
ディナーミールス(ノンベジ)　1800円
ディナーアラカルトカレー　1000円前後～
クットゥ・パロータ　1500円

ダバ・インディア

東京駅　八重洲

南インド料理ブームを牽引し続ける行列必至の人気店

全国的に見るとレアな料理なのに、なぜかたくさんの南インド料理店が立ち並ぶ奇跡の街、東京。

で、そんな南インド料理激戦区の東京において、おそらく最も繁盛していると思われるのがこちら「ダバ・インディア」なんですよね!!

東京で南インド料理ブームが起きる前の２００３年のオープンで、いわば南インド料理ブームを作ったきっかけのようなお店なのですが、いまだトップを走り続けている、南インド料理好きには「超」が付く有名店なのであります!!!!

ま、ディープにカレーやインド料理と向き合っているみなさん、いわゆるカレーマニアのみなさんは変わった人たちが多いので（笑）。

人気店になりすぎて、一時期はあえて距離を置いている方が多かった気がしましたが、一周まわって、最近はまたダバに戻ってきている印象です。

だって、なんだかんだダバは美味しいんだも――――ん!!!!!

先日、久しぶりに平日のランチタイムに行きましたが、13時半過ぎとはいえ、かなりの行列。予想はしていたけど、インド料理というジャンルで、しかもあのエリアで行列を絶やすことがないって、奇跡ですよ!! 奇跡!!!!

総合力が高いお店なだけに、ミールス、ティファン、ディナータイムのアラカルト、どの料理も満足度が高いのですが、まず味わってもらいたいのが看板メニューの一つである濃厚なラッサム(ミールスには昼夜ともに付いてきます)。

トマトラッサムの上をいく、濃厚なトマト感が凝縮されたダバ特有のラッサムは、ダバの魅力自体も凝縮された逸品かと最近は強く思うんですよね。

というのも、ラッサムってちょっとヘンテコな料理なんです。

もはやカレーじゃないですし(笑)、予備知識ゼロで食べると酸っぱくて辛いどこの国の料理かわからないスープという印象を持つ方がほとんどだと思うんです。ナン&カレーの北インド料理しか知らない人には特にハードルが高い料理なのではないかと。

にもかかわらず、ダバのラッサムは多くの人に、「変わってるけど美味しい!!」と今も言わせ続ける実力があるから凄いのです!!!

ほかのお店と比べると、確かにトマト感が濃厚すぎて、他のラッサムを知っていくと、むしろダバのラッサムが特殊に感じてくるのですが、ダバのラッサムはラッサムじゃないのか??というと、そういうことではなく、しっかりとラッサムなんですよね。

ラッサムというフレームの中にありながら、多くの人に受け入れられるギリギリまで歩み寄り、フレームから決してはみ出さないそのバランス感。

そのバランス感があるからこそ、南インド料理がまだまだマイナーだった2003年から人々を惹きつけ、いまだトップを走り続けられていると思うんですよね!!!

このバランス感はダバで出てくる他の料理たちにも当てはまり、例えばカレーによってはクリームが強めの北インドっぽい仕上がりの料理もあったりするのですが、決して南インド料理のフレームからはみ出ることはなく、タンドリーチキンをはじめとする、北インド式焼き物肉料理や北インドのパンであるナン、チーズがたっぷり入ったナンのチーズクルチャなどを楽しませながらも、ちゃんと南インド料理店として着地するように構成されているから凄いのであります。

オシャレな店内、感じの良い接客、そして洗練された美味しい料理たち。

初めてのミールス体験でオススメなのがエリックサウスなら、初めての南インド料理の食事会に適しているのがダバ・インディアかな。

一人での訪問の際はミールスを。カレー仲間との食事会では南インドの辛いマトンカレー、ナスとオクラのタマリンドカレー、タミルの魚カレーなどの魅力的なアラカルトメニューを濃厚なラッサムと一緒にぜひ楽しんでみてください!!!

ダバ・インディア(Dhaba India)
東京都中央区八重洲2-7-9 相模ビル1F
TEL:03-3272-7160
[月~金] 11:15-15:00(LO14:30)
17:00-23:00(LO22:00)
[土・日・祝] 12:00-15:00(LO14:30)
17:00-22:00(LO21:00)
ランチカレー 850円~
ランチミールス 1250円
ダバミールス(ノンベジ) 2200円
ディナーアラカルトカレー 1400円前後~

コチンニヴァース

地下鉄大江戸《おおえど》線・西新宿《にししんじゅく》五丁目駅

西新宿の小さな巨人

めちゃくちゃ美味しいお店なのに、行動範囲ではないエリアにあるため、なかなか行けないお店ってけっこうあるのですが……、こちらも、そのお店の一つ。

西新宿五丁目にある席数12席の小さな南インド料理店、「コチンニヴァース」！　いろいろ食べ歩いていますが、総合点ではなく、料理の美味しさにフォーカスすると、間違いなく東京トップクラス!!

特にディナー時の料理たちは毎度必ず感動させてくれるんですよね!!!

レギュラーメニューも素晴らしいのですが、季節限定のメニューには心躍る出会いがけっこうありまして、その美味しさは忘れられないです。

せっかくなので、ここでは、そんな忘れられない料理を紹介してみたいと思います（もうメニューには存在しないと思いますが……）。

まずは、フィッシュポリヤル。白身魚の身をほぐして、玉ねぎ、ニンニク、削ったココナッツ、少量のスパイスと合わせたドライ料理なのですが、これが旨みと辛味のパンチがありまくりで美味しすぎ!!!

ココナッツ風味が強い料理かと思ったら、ココナッツはアクセント程度で玉ねぎとニンニクの旨み、青唐辛子のシャープな辛さがベース。

カレーというより、ほんのり香る**ターメリック**の風味に肉厚なメカジキが絡み合う、ご飯がすすむスパイシーな炒め料理的な美味しさなんですよね！　おそらく多くの日本人はこの味わいが大好きかと。

これまた限定メニューで、ドライ料理のチェティナード・プロウン・マサラも忘れられないなー。

フィッシュポリヤルに近いテイストで旨みと辛味のパンチがある感動的な美味しさだったのですが、コチンニヴァースの南インド式のドライメニューはアタリの場合が多いです。

見つけたら、ぜひトライしてほしいですね。

そして、これまたコチンニヴァースでオーダーしていただきたいのが、レギュラーメニューのチェティナード・チキンカレー。

チェティナード料理は南インドを代表するノンベジ料理なのですが、その中でも独特の香りとほどよい辛さを併せ持つチェティナード・チキンカレーは、世界中のインド料理ファンから支持を集める人気のノンベジカレーの一つ。

お店によってはチェティナードっぽくはなく単なる辛いチキンカレー?? ってところがあったりしますが、コチンニヴァースのチェティナード・チキンカレーは南インド旅行で体感したまさに現地の味!!!

この味を東京で食べようと思ってもなかなか出会えないんですよね。

スパイスは**フェンネル**を多用するのが特徴なので、人によっては生薬っぽい香りに?? と思うかもしれませんが、ガチンコのインド料理が好きな人は間違いなくハマるエッジの立った香り高いカレーなのでオススメ!!!

溶ろけるチーズを合わせるフィッシュカレーがあったり、目玉焼きを乗せたキーマカレーのような創作メニューもありますが、正統派のガチンコ南インド料理にこそ、ここのお店の抜きん出た美味しさが楽しめると思います。

場所が場所なだけに大きく取り上げられることが少ないお店ですが、東京にある南インド料理店の中でも料理の美味しさだけにフォーカスすると、間違いなくトップクラスの美味しさ。

西新宿の小さな巨人、コチンニヴァースに迷わず行ってみましょう!!!

コチンニヴァース(COCHIN NIVAS)
東京都新宿区西新宿5-9-17 1F
TEL:03-5388-4150
[水~月] 11:30~14:30(LO14:00)
17:30~21:30(LO20:45)
定休日 火曜
ランチ 800円~
サンバル 900円
ディナーアラカルトカレー 1000円前後~

なんどり

JR宇都宮《うつのみや》線・尾久《おく》駅／都電荒川《とでんあらかわ》線・荒川遊園地前《あらかわゆうえんちまえ》駅

荒川区尾久で疑似チェンナイ旅行

インド料理はインド人が営むお店をもっと紹介したいのですが、マニア気質の日本人が手がける南インド料理店ってのが、これまたインド人をしのぐ美味しさの輝きを放っていまして……。ってことで、日本人の店主が荒川区の尾久で営むお店「なんどり」です。

ご主人はお店をオープンする前から、東京のカレーマニアにはよく知られた南インド料理作りマニア。長年にわたりタミル・ナードゥ州のタミル料理を研究し続けている凄いお方なのであります（南インドでも州によって味のテイストが変わってきます）。

もちろん南インド料理店なのでミールスがオススメなのですが、インドの軽食、ティファンメニューの充実っぷりも凄いお店なんですよね。

まずは、ここのお店の何にシビれているのか？　というと南インド旅行の際にタミル料理の本場、チェンナイで食べた、香り高い、まさにあの味を楽しめるところなのであります!!

特に南インド料理の要、豆と野菜のカレーのサンバルをなんどりで初めて食べた時は衝撃を受けまくり!! トゥールダルが持つ豆の風味にほっこりとしたスパイスの香りが共存し、現地的な香りと風味が鼻腔を通り抜ける……これは、まさにチェンナイで食べたあのサンバルの味ではないか!! と。

東京にある南インド料理店の料理たちは、南インドの現地の味と比べても遜色がない見事なお店ばかりなのですが、チェンナイの食堂で食べるサンバルとはちょっと違っていて……。

正確に書くと、東京で食べられるサンバルの味も南インド出身のシェフが作っているので、ガチンコの南インドの味なのですが、なんどりのサンバルはチェンナイで食べて感動したチェンナイの食堂の味を忠実に再現したサンバルだったので、一口食べて旅の思い出がフラッシュバック♪♪ ホント、感激しまくりだったんですよね!!!

サンバルの美味しさが活きる定食のミールスはランチに楽しめるのですが、定番の胡椒スープのラッサムもチェンナイで出会ったテイストに近い心躍る素晴らしいラッサム♪♪♪

素材が楽しめるポリヤルはサンバル&ラッサムとかけ合わさり活きてくるので、現地仕様のサンバルとラッサムを携えたなんどりのミールスの実力は説明不要。

もう、止まらぬ美味しさなのであります!!!!

さらにサンバルが完璧ってことはティファンの美味しさもハンパないってこと。

スパイシーさんが大好きな軽食、ワダをオーダーしてみたら、表面はサクサクで中はモッチ

リ&フワフワの間違いない美味しさ♪♪

それを絶品サンバルに浸しながら食べるもんだから、チェンナイ旅行の思い出がさらに蘇ってくるんですよね!!!

で、あまりにもサンバルが美味しいのでご主人に聞いてみたら、なんと、なんどりのサンバルには玉ねぎとトマトを使っていないんだとか(日々進化しているので今は違うのかもしれません)。

って、え~~っ!? カレー作りの重要な構成要素である玉ねぎとトマトを使ってないんだって~~っ?!?!

さすがタミル料理マニアのご主人。いろいろ試作しまくってたどり着いたご本人にしかわからない答えなんでしょうね!! マニアの上をいくさらに上のステージで料理を追求する姿勢にただただリスペクト。場所&定休日がネックでなかなか行けないのですが、もっと通いたいお店なんですよね。

チェンナイに行かれたことがある方はあの味わいを楽しみに、行かれたことがない方はLet's疑似チェンナイ旅行♪♪ 尾久で南インドの気分を味わってみてくださーい。

なんどり

東京都荒川区西尾久7-29-9
TEL:03-3800-6494
ランチ
[火~金] 11:45~14:00(LO)
[土・祝] 12:00~14:30(LO)
ディナー
[水~金] 17:30~20:00(LO)
定休日 日・月曜(日曜はイベントで営業する日もあり)
ランチカレー 800円~
ランチミールス 1000円
マサラ・ドーサ 1100円(季節限定)

ケララバワン

西武池袋《せいぶいけぶくろ》線・練馬《ねりま》駅

郷土料理やローカル料理が楽しめる週末スペシャルは必食

さて、都内にある南インド料理店をいろいろ紹介していますが、よりディープに南インド料理と触れ合いたくなってきたら、ぜひとも行っていただきたいのが練馬の「ケララバワン」になりますね。

お店がある練馬は南インド料理が馴染みづらい土地柄なのか、ランチタイムは北インド的なナン&カレーも出しているのですが、それはあくまでもお店の表情の一つ。

ランチタイムにはマサラ・ドーサのセットメニューがあったり、ディナータイムには、都内でもめずらしい純ケララ式のミールスが予約なしでオーダー可。

自家製のレモンピックルとポリヤルやラッサムを混ぜ合わせることで生まれる南国的な爽やかな美味しさは多くの人に体感してもらいたいなあー。さらにドーサ、ウタパム、ウプマなど南インドの本気のティファン（軽食）類も充実していて、南インド料理を追求する人には、美味しい料理でしっかりと応えてくれるんですよね。

ですが、ですが、これだけで終わらないのがケララバワン!!!

本当にその凄さを堪能できるのが、週末に楽しめる「週末スペシャル」というスペシャルメニュー!!!

日本ではなかなか食べることができないレアすぎる貴重な南インド料理たちが、心躍るセットメニューとして楽しめるのであります!!!!

インドのお祭りの時期は、そのお祭りに合わせた郷土料理を。時には珍しいティファンのセットを。時にはケララ州のローカルフードを。

その特別な料理たちを目指し、週末はマニアのみなさんが集結しているのであります。

どんな料理があるのか?? その一部ですが、ざっと紹介してみましょう。

◆ケララ田舎ご飯
青バナナとインゲン豆のマサラ・カレー、チンミン・ウリッチャマンディー、小玉ねぎと桜えびのチャツネ、ミーン・ポリッチャデ（魚をスパイスで煮込み豆粉をつけて焼き上げました）、ワルッタ・パパダム（パパドを細かくして揚げました）、ウンニヤッパン（米粉と黒砂糖とバナナのお団子　ココナッツオイルでヘルシーに揚げたデザート）　1800円

◆ケララ・ティッフィン・セット

ヌール・プットゥ（麺状にした米粉の蒸しパン）、カララ・カレー（豆のカレー）、マサラ・ワダ（チャナ豆のクッキー）、ココナッツ・チャツネ、イライ・アダ（ケララ州伝統的スィーツ　バナナの葉のちまき）、ケララ・コーヒー　1600円

◆ケララ田舎ご飯セット

マッティー・カレー（イワシのケララ風カレー）、ワルッタ・ミーン（豆粉とスパイスで揚げた魚料理）、キャベツ・トーレン（キャベツと豆の炒め物）、インド米、スィート・ボンダ（バナナと米粉と黒砂糖・ココナッツのお団子）　2000円

◆ケララのお正月ビシュのお祝い料理

マサラ・サンバール（ドラムスティックと小赤玉ねぎのスパイシー・テイスト）、アヴィヤル、ムディラ・プルッケ（ケララの珍しいホースグラム豆と里芋のカレー）、ラッサム、マーンガ・パッチャリ（青マンゴーとココナッツのマスタード・チャツネ）、ナーランギャ・カレー、タマリンドとレモンのアッチャール、ケララ・パパダム、ケララ赤米、パリップ・パヤサム（豆と黒砂糖のデザート）、パラム　2500円

どうですか⁇　マニアックすぎるメニューのラインナップで、メニューを見るだけでワクワクしてきませんか⁇　文字だけでは全然料理がイメージできない人も大丈夫です。スパイシーさんも、全く想像できない料理がいっぱいですから（笑）。

だからこそ、練馬に向かっちゃうんですよね!!!

それにしても仕込みも大変なのに、こんなレアな料理たちを毎週違うセットリストで楽しませてくれるなんてホント凄いよなぁ!!!!

ディープに南インド料理を知っていきたい方は、ケララバワンの週末スペシャルは必食と言えますね。

ケララバワン(KERALA BHAVAN)
東京都練馬区豊玉北5-31-4 松村ビル1F
TEL:03-3991-5218
【月~金】11:00~15:00 17:00~23:00(LO22:30)
【土・日】11:00~23:00(LO22:30)
定休日 無休
ランチ 700円~
ディナーアラカルトカレー 800円~
ケララミールス(ノンベジ) 2000円
週末スペシャル 1600~2500円

ヴェヌス

JR総武《そうぶ》線・錦糸町《きんしちょう》駅

錦糸町に超新星現る！

もともとは違うお店を書いていたのですが、この原稿執筆時、凄いお店が錦糸町に誕生したので、急遽《きゅうきょ》差し替えることにしました!!

他のエリアと比べると、かなりの数の南インド料理店がある東京ですが、ここ最近は注目を集める新店はあまりオープンしていなかったんですよね。

そんな中、2015年6月、突如として超新星が錦糸町に出現!! カレーマニアこぞってザワつき、オープン直後から集結しまくっていたあの光景は、東京でも久しぶりだったのではないでしょうか。

何がそんなに凄いかというと、ヴェヌスは東銀座の人気南インド料理店、「ダルマサーガラ」でシェフを務めていた方が満を持してオープンさせたお店なので、味の保証はその時点で折り紙付き。さらに押上《おしあげ》の人気店、「スパイスカフェ」の方がプロデュースで関わっているというから、それを聞いただけでも行く価値が十二分にある!! ってもんなのです。

スパイシーさんが訪問したのはオープン直後のディナータイム。メニューはこれから変わっていくのかもしれませんが、この時点ではベジターリー、ノンベジターリー、ヴェヌスターリーの3種類（お店ではターリーと呼んでますが、いわゆるミールスです。実際の南インドでもエリアによってはミールスではなくターリーと呼ぶところがあります）。

せっかくなので、一番高額なヴェヌスターリーをオーダーし、さっそく食べてみると、体にズキューンと衝撃が来ました!!!

旨い!!! 旨すぎる!!!!

ニンニクだけでなく、ヒングもたっぷり使い香りにもエッジを立たせた重厚なラッサム、漢方的クセのある**スターアニス**（八角）を絶妙なバランスで使い、見事なアクセントに仕立てたチキンカレー、ニンニクのパンチある旨味と香りを活かしたドライ系エビカレーなど、全てが好みの美味しさだったのですが、何よりも衝撃的だったのがフィッシュカレー。

タマリンドの酸味がものすごく強く出ていて塩気も強めだったので、一口目は、むっ？ と、思ったのですが、食べ進めるほどに、この強烈な酸味が旨い!! 旨くなってくるのであります!!!

スパイスも複雑すぎるわけではないのですが、ホールの**フェンネル**のアクセントが絶妙だったり、控えめなココナッツミルクのマイルド感が抜群だったり、自分が作るフィッシュカレーとはちょっと違っていて、いや、自分の思うバランスの規格を超えた突き抜けたカレーで、本当に衝撃を受ける美味しさだったんですよね!!!

ミールス恒例の混ぜ混ぜの儀を行うと、突き抜けたラッサムとフィッシュカレーがベースにあるので、酸味、辛味、香り、全てにおいて際立った仕上がりとなりまして、これがたまらなく旨い!!! 旨いのであります!!!!

タマリンドの酸味、唐辛子の辛味、**カレーリーフ**や**マスタードシード**の香ばしさ、そしてスパイスの芳醇な香り。

この酸味、辛味、香りが南インド料理の魅力的な構成要素なのですが、これらをギリギリのところまで引き出し、突き抜けた美味しさに仕上げた料理と出会うと、スパイシーさんにはズキューンと体に衝撃が走るような感覚がやって来まして、そして、その感覚が忘れられないからこそ、追い求め、南インド料理をここまで愛してしまうのであります!!!

深く追求していくと、ある程度の美味しさには慣れてしまうので、なかなかあの感覚に出会えなくなってしまうのですが、久しぶりにズキューンが入りましたね!!!

ホント、凄い超新星が錦糸町に誕生です!!

これからアラカルトが増えたりとメニュー構成も変わってくるかもしれないので、ますます目が離せなくなりそうですね。

みなさんも、錦糸町で絶品南インド料理に射抜かれてみてください。

ヴェヌス（Venus South Indian Dining）

東京都墨田区錦糸2-6-11
TEL：03-6284-1711
11：00〜14：30
17：00〜22：00
定休日　火曜
ランチビュッフェ　1000円
ベジターリー　1500円
ノンベジターリー　1800円
ヴェヌスターリー　2000円

第3章

スパイスの黄金比

早くもスパイスの黄金比の秘密を発表！

さぁ、南インドカレー、そしてスパイスへの興味が少しずつ高まってきたと思いますが、早くもここでスパイスの黄金比の話をしちゃいましょう。

まずは入門編として一番最初に、初級者向け超簡単スパイスキーマカレーの作り方（15ページ）をお届けしましたが、あのカレーは超簡単でありながら、実は実はものすごい重要な黄金比の中で作られていたカレーだったのであります。

それでは発表します。

その黄金比とは、

クミン　大さじ1
コリアンダー　大さじ1
ターメリック　大さじ1／2
レッドペッパー　小さじ1

以上でーす!!

ＯＨＨＨ!!!　この使える秘密を早くも言ってしまった（笑）。

いいんです！　多くの人にスパイスの喜びを伝えるのがスパイシーさんの使命なのですから！

とにかく、この黄金比をもとに作ってみると、肉の種類を替えたり、ココナッツミルクやナッツペースト（あとで詳しく書きます）を加えたり、野菜を加えたり、どのようにアレンジしてもビックリするくらい美味しく仕上がります。

細かく書くと上記の黄金比のスパイスにニンニク（すりおろし10～15g）、ショウガ（すりおろし同量）、玉ねぎ中1個、トマト中1個かトマト缶（半缶）を全て加えたものが、何でも作れる基本のカレーベースになります。

超簡単キーマではニンニク&ショウガ&トマトを、ケチャップで代用しましたが、次のステージに行ってみたい方は、面倒でもここは押さえておきたいですね。

さて、基本がわかったら、アレンジです。

上記の黄金比をもとにスパイスを調整することで、面白いくらいにいろんなカレーに変身してくれるんですよね！　ここが重要なポイントで、ゆえに黄金比なのであります!!!!

とはいえ、こうやって書くと、ものすごく超正確に大さじ1、小さじ1と量りたくなる方もいますが、多少ブレる分には問題ないです。大まかに合っていればOK。

そして、大さじ、小さじスプーンを持っていない方は、大さじはカレーを食べる用のテーブルスプーン、小さじはお家にあるティースプーンで代用できますのでご安心を。

ワンランク上の
スパイシーキーマカレーの作り方

では、15ページで紹介したキーマカレーの延長線上にありながら、ちょっとした工程とスパイスバランスで劇的に進化するスパイシーキーマカレーの作り方をお届けします。

最初に書いておくと、ものすごく簡単ながら、お店でも出せるレベルのハイクオリティーキーマっす！

スパイスカレーに目覚めた人たちの期待値とテンションに十二分に応えられるレシピになっているので、まずは騙されたと思って作ってみてください♪♪♪

超簡単キーマと違うところは、カットトマト缶＆ニンニク＆ショウガを使うこと、スパイスの種類が増えていること、以上の２点です。

作業工程はほぼ一緒なので、勢いで作ってみましょう！

ハイクオリティーキーマカレー

材料：2〜3人前　**調理時間：25〜30分**

挽き肉（牛豚合い挽き）　300g
玉ねぎ　中1個（みじん切り）
カットトマト缶　½缶
ニンニク　3片（すりおろし）　※1片は5gで計算
ショウガ　ニンニクと同量（すりおろし）
水　300cc
塩　小さじ⅔〜1弱（⅔から調整しましょう）
サラダ油　大さじ2

～パウダースパイス～
クミン　大さじ½
コリアンダー　大さじ1
ターメリック　小さじ1
シナモン　小さじ½
クローブ　小さじ¼
ガラムマサラ　小さじ½
レッドペッパー　小さじ½ ～1（辛さは好みで）
カルダモン　大さじ1と½（仕上げ用）

作り方

① まずは、鍋に油をひき玉ねぎがアメ色になるまで10 ～ 15分ほど炒めます。焦げ付きそうになったら少量の水を加えると解消されます。
② ニンニク&ショウガを入れて2分ほど炒めましょう。
③ カットトマト缶を投入。これまた2分ほど炒めましょう。
④ **カルダモン**以外のスパイスを入れて1分炒めます。
⑤ 挽き肉を入れ3～4分炒めます。
⑥ 水を入れて5分煮込みます。
⑦ 仕上げに**カルダモン**を入れて1分煮込みます。
⑧ 最後に塩で味を調えれば、あっという間にハイクオリティーキーマカレーの完成です。

point

① 黄金比のスパイスから**クミン**と**ターメリック**を少し減らし、その分**シナモン**、**クローブ**、**ガラムマサラ**を足した構成です。
② 仕上げに**カルダモン**を大さじ1杯半も入れていますが、これで最終

的なバランスが取れるので、スパイシーさんを信じてどっさり入れてみてください。

③ 冒頭のケチャップで作る超簡単キーマをベースにスパイスのみ入れ替えても美味しく楽しめます。カットトマト缶というワードでやる気がなくなってしまう方はケチャップ式でぜひ。

④ 簡単とはいえ、スパイスの量が増えると、とっても難しい料理になってしまったようなそんなハードルの高さを感じてしまうかもしれませんが、結局のところ、炒めて水分を加えて煮込むだけのシンプルな料理です。

⑤ スパイスの箇所でためらってしまう方は作る前日でも良いので、あらかじめ分量通り調合しておくと楽に作れますYO♪♪

ベースの香りの上に広がる**カルダモン**の爽やかな香り♪♪♪

スパイスカレーに目覚めた人たちのテンションも自宅で上がりまくっちゃいますぞぉ～～!!!

今回は**カルダモン**を活かす香りのバランスです。なので**カルダモン**を少なくして**クローブ**を多くしたり、**シナモン**を増やしたり。量をカスタマイズするといろんな方向に進化するので、このスパイス構成は覚えておくと便利です。

繰り返しますが、難しそうなことをやっているように見えるかもしれませんが、基本のスパイスの分量を少し変えただけ。

つまり、バランスを変えただけ。

スパイスを扱う人は魔法を操るように感じてしまう人がまだまだ多いですが、“スパイス料理とは魔法ではなくバランス”。

バランスの目安さえわかれば、誰でも美味しいスパイスカレーを作れます、ってことなんですね！

さぁ、スパイスカレーに目覚めたみなさん。スパイスをＧＥＴしてLet'sクッキングでスパイシ～～♪♪♪

味の決め手はカシューナッツ

最初から難しいマニアックなカレーを作る方は少ないと思います。

おそらく一般的なイメージのナン&カレーのインド料理店のカレーを再現できないものか??と最初は奮闘するわけです。

もちろんスパイシーさんも最初はそうだったわけで、なんとなくスパイスを調合して、なんとなくインド風チキンカレーを作っていたのです。

そして、その時いつも感じていたのが、何か一つ足りないなぁ……ということ。美味しいんだけど、お店で食べるカレーとは、どうも決定的に違う何かがあるなぁ、と。

そうやって試行錯誤していた時、カシューナッツという言葉に出会ったんですね!

「カッ、カシューナッツだって!?」

半信半疑で自己流のスパイスカレーにカシューナッツを入れてみると……これがビックリ。

なんと、お店のあの美味しさに大変身するではありませんか～～っ!!

そうなんです。この時はまだ知らなかったのですが、ナンで食べるいわゆる北インドカレーというものは、特に肉カレーの場合はペースト状にしたカシューナッツやアーモンドを入れコクを出している場合が多く、これを入れるだけでお店の味わいに進化してくれるのです!!

このナッツの秘密をわかりやすく書いている本ってあまりなくて。簡単かつ使えるインド料理テクニックなので、多くの人に覚えてもらいたいんですよね。スパイスからのカレー作り。初期の段階で伸び悩んでいた方は、ひとまずカシューナッツペーストを入れてみてください。

その驚くべき効果にきっとビックリすると思いますYO!!!

では、そんな魔法のカシューナッツペーストの作り方を紹介。

4人前のレシピの分量になります。

カシューナッツ40g（50g入れても美味）を水に10分程度浸して柔らかくしておきます。

あとは50ccの水と一緒にフードプロセッサーでウィーンとなめらかになるまで回せば完成!!!!

入れるタイミングは一通り全ての材料を炒め、水を入れて煮込むところでOK。

仕上げの煮込みの前ってところですね。

カシューナッツが一番ポピュラーかと思いますが、アーモンドで作るレシピもけっこうあって、アーモンドにするとより香ばしくなります。

ピーナッツでも作れますが、ピーナッツの風味が強くなり、ちょっとテイストが変わってしまうのでご注意を。

ちなみにカシューナッツはスパイスショップで売っているタイプのものでもOKですし、スーパーのおつまみコーナーにあるものでも大丈夫です。

おつまみコーナーのカシューナッツの場合は、水に浸す前に表面の塩分などを洗い流すと使いやすいですね。

カシューナッツは水に浸すとかなり柔らかくなるので、フードプロセッサーがない方は長めに浸すとミキサーでも作れるのでぜひ。

どちらもない場合は１００円ショップに行って、すり鉢とすりこぎをＧＥＴし、地道に水に浸したカシューナッツをペーストにしてみましょう。

なめらかなペーストを作ることができたらどんな道具でも問題ありません。

ナッツペーストバンザーイ♪♪

フードプロセッサーをGETしよう!

カシューナッツをフードプロセッサーでペーストにしたものを入れると、めっちゃ美味しくなりますYO!! とは書きましたが、フードプロセッサーって高額だったりするんですよね。

そっ、そんなお金、なかなか出せません、との声が聞こえてきそうですが、安くても使えるものはたくさんあります。

参考までにスパイシーさんが愛用しているものを紹介すると、実は通販番組でもお馴染みのマジックブレットなのです(笑)。

最近は、大量調理用にお高めのクイジナートのフードプロセッサーを導入しましたが、個人用だと変わらずのマジックブレット(※インド人の友達も愛用してました)。

しかも通販ではなくドン・キホーテで買ったので値段がかなり下がっていて、たしか7000円くらいだったはず。

初期投資としてはそんなに高くはないですよね。

そして高額のフードプロセッサーだからといって、スパイスからのカレー作りに適しているわけではありません。

買う際は以下の点に気をつけましょう。

まずはミル機能がしっかりとあるか？

インド料理作りにおけるフードプロセッサーは、スパイスをパウダー状にする大事な役割を担います。

ミル機能がないと買い直しになってしまうので気をつけてください。

そして食材をペーストにする際、かなりなめらかになるものが理想になりますね。

商品によっては粗い仕上がりになるものもあるので注意。

ほうれん草カレーのほうれん草ペーストは細かいつぶつぶ状で仕上がってしまうのか？

それともジューサーのようになめらかに仕上がるのか？

お店の人に確認したほうが良いです。

もちろんなめらかに仕上がるものをGETしましょう。

低価格ながらマジックブレットは、これらの条件をクリアしているのでオススメ。

ちなみにただいま使っているのは2代目。初代はスパイスミルの時に強い負荷をかけすぎでダメになってしまいました（笑）。

スパイスのミルは、スパイス以外に**ココナッツファイン**やニンニクなども一緒に砕いて行う方法もあります。

その際は水を少量入れてなめらかなペースト状にするのですが、スパイシーさんはこれで壊してしまったんですよね……（涙）。

水分量が少ないとめっちゃ負荷がかかるので、気をつけないと変な音とともにぶっ壊れてしまいます。

これを回避する方法としては、ドライな状態のスパイスと**ポピーシード**（ケシの実）や**ココナッツファイン**などの少しネトッとしてしまう素材は分けてミルする!!

この方法が良いですね。

ちなみに、かなり多めの水を入れて、マサラペーストを超えたマサラウォーター状にする方法もアリです。

インド人の調理動画を見ていると、けっこうマサラウォーター式で作っている方も多いんですよね。

話を戻すと、スパイシーさんは分けてミルする派です。

インターネットで英語レシピ検索される方は、そのまんまやるのではなく、自分の持ち道具で効率良く作る方法を模索すると、さらにスムーズに作れるようになると思いまーす。

ライスの話

スパイシーさんはナン派ですか？　ライス派ですか？　という答えに困ってしまう質問をたまにされることがあるのですが、「食べるインド料理によります……」という曖昧な答えを返してしまうことが多いんですよね。

というのも、ナンを食べるのは北インド料理。ナッツや生クリームを使った北インドスタイルのリッチなカレーはナンをはじめとするインドのパンとの相性が抜群だからなのであります。カレーを抜きにするとナンかライスだと、ライス派なのですが、北インドスタイルのクリーム系カレーが出てきた場合は、ライスよりもナンで食べたほうが美味しいので……、その際は迷わずナンをはじめとするインド式パンをチョイスするんですよね。

では、ライスと相性が良いのはどんなカレーなのか⁇　というと本書でも多く取り上げる南インドのカレー。南部は米作地帯なので主食はライス。カレーをはじめ、各種の南インド料理はライスと一緒に美味しく楽しめるよう進化を遂げてきたのであります。

インドを代表する長粒米のバスマティライスやタイなどで食されるジャスミンライスと一緒に楽しむと（お店によっては故郷の米に近いのであえてジャスミンライスで提供するところもあります）、パラパラした食感がカレーのグレービーと絡み合い、さらに長粒米が持つ香りがカレーの香りに厚みを持たせ、いつも以上に美味しいカレーを楽しむことができるんですよね。

もちろん、南インドスタイルのカレーは日本米で食べても美味しいのです。

本書にはカレーのレシピを多数載せていますが、ライスに取り組むモチベーションがまだ上がっていない方は、気にせず日本米で楽しんでいきましょう。スパイシーさんもバスマティライスを自宅で炊くようになったのは、カレーを追求するようになって、しばらく経ってからでしたしね。

さて、前置きが長くなりましたが、バスマティライスの炊き方になります。

バスマティ米炊きは、パスタのゆで上げに近いのでとっても簡単です。

①1人前の米の量は1／3～1／2カップ。大盛り希望の方は2／3カップでＯＫ。
②お米がしっかりと隠れる量の水を（アバウトで良いです）沸騰させる。
③そこにクローブ1個と米を入れて6分半～7分くらい中火～強火のまま煮込む。
（クローブを入れると香りが高くなるので◎、もちろん省略可）
④上記の時間になったら、スプーンで米をすくい食べてみて、少し芯が残っている状態でザルに上げ、お湯を切る。
⑤お湯を切った米を鍋にもどして蓋をしめ、そのままの状態で（火にかけなくてＯＫ）8～10

分ほど蒸らせば完成です!!!

文字だけ追うとちょっと面倒に感じてしまうかもしれませんが、実際に作るとビックリするくらい簡単な作業です。一度作ってみるとコツがつかめるので、ぜひ気軽にトライしてみましょう。

ちなみに本書に載せてあるレシピは全てライスで食べて美味しいカレーです。繰り返しになりますが、バスマティライスで食べたほうが美味しいですが、日本米でもとっても美味しく楽しめるので、あまり気にせずカレー&ライススタイルで作ってみてください♪

ベーシックスパイスとカシューナッツで作る！

スパイシーさんはターバンをかぶったふざけた格好をしていますが、日本野菜ソムリエ協会のカレーマイスター養成講座の講師としての顔も持っているのです。先日、野菜ソムリエ協会の仕事で宮崎県に行ってカレーの講義と料理教室的なことを行ってくるというミッションがあったのですが、そこでベーシックスパイスを使ってチキンカレーを作ってきました。

ベーシックスパイスとカシューナッツで作るチキンカレーとチャパティの組み合わせは、スパイシーさんがカレー作りを教える時によく使うメニューなんですよね。

カシューナッツペーストの話を書いたばかりなのでクッキング講座でもレクチャーしたカシューナッツチキンカレーのレシピも大公開しちゃいます。

カシューナッツの魔法を体感しましょう！

カシューナッツチキンカレー

材料：４人前　**調理時間：35分**

鶏もも肉　300g（1枚。一口大にカット）
玉ねぎ　中1個（みじん切り）
ニンニク　3片（すりおろし）　※1片は5gで計算
ショウガ　ニンニクと同量（すりおろし）
カットトマト缶　½缶
サラダ油　大さじ3
塩　小さじ1弱（あとは微調整）
水　350cc（煮込み用）、50cc（カシューナッツ用）

～パウダースパイス～
クミン　大さじ1
コリアンダー　大さじ1
ターメリック　大さじ½
レッドペッパー　小さじ½～1（辛さは好みで）
ガラムマサラ　小さじ1
カシューナッツ　40g

作り方

～カシューナッツペーストの作り方～

① まずはカシューナッツペーストを作ります。

② 若干ハードルが上がりますが、フードプロセッサーが必要になります。（持っていない方は、これを機にぜひGETを）

③ カシューナッツを水に10分ほど浸し、水50ccを加えフードプロセッサー（ミキサー）にかけてなめらかになれば完成。

～調理～

① まずは、鍋に油をひき玉ねぎがアメ色になるまで10～15分ほど炒めます。

② アメ色になったらニンニク＆ショウガを投入。２分ほど炒めます。

③ カットトマト缶を入れます。

④ 軽く沸騰してポコポコしてきたらスパイスを入れ２分炒めます。

⑤ 鶏肉を入れて表面の色が変わるまで炒めます。

⑥ 最初に作ったカシューナッツペーストを入れます。

⑦ さらに水を350cc加え7～8分煮込み、塩で味を調えればあっという間に完成なのでスパイシ～～♪♪♪

カシューナッツのペーストを入れなくても、しっかりと美味しいカレーが完成するのですが、カシューナッツが入る事によって、ナンカレーのお店で食べるようなトロミとコクが味わえるんですよね!!

簡単かつ本格派なので入門編としてオススメです。

ライスと一緒に食べてももちろん美味しいですが、チャパティ(薄焼きパン)と合わせて食べると本場の雰囲気が出てGOOD♪

チャパティのレシピは195ページに載っています。

ココナッツミルクは偉大なのだ！

カシューナッツペーストを使うテクニックを紹介しましたが、これは主に北インド料理に使うテクニック。本書でたっぷりと書いていく南インド的なカレーとはちょっと方向性が違ったりするんですよね。

では、カシューナッツペーストのように簡単なのにカレーを激変させ、かつ南インド的に着地させる魔法のアイテムはないのか？　というと、嬉しいことにしっかりとありまして、それがココナッツミルクなのであります!!

ココナッツミルクのカレーというとタイカレーを思い浮かべる人も多いと思いますが、クセの強いタイカレーとは違う、爽やかなココナッツミルク感が楽しめるのが南インドスタイルの良いところ。スパイスの黄金比をちょっとだけ変えたスパイスバランスで、簡単に作れるココナッツチキンカレーのレシピもここで紹介してみまーす。

南インド風
簡単ココナッツチキンカレー

材料：４人前　**調理時間：25〜30分**

鶏もも肉　250 〜 300g（1枚。一口大にカット）
玉ねぎ　中1個（みじん切り）
カットトマト缶　½缶
ニンニク　3片（すりおろし）　※1片は5gで計算
ショウガ　ニンニクと同量（すりおろし）
ココナッツミルク　200cc
水　200cc

塩　小さじ1
サラダ油　大さじ3

～パウダースパイス～
コリアンダー　大さじ1
クミン　大さじ½
ターメリック　小さじ1
レッドペッパー　小さじ½　（辛口希望の方は小さじ1）
カレー粉（S&Bがベスト）　小さじ1

作り方

① 鍋に油をひき、玉ねぎがアメ色になるまで10 ～ 15分ほど炒めます。

② ニンニク&ショウガを入れ1分半ほど炒めます。

③ カットトマト缶を入れ、2分炒めます。

④ スパイスを入れて2分ほど炒め、香りを引き出していきましょう。

⑤ 鶏肉を入れて表面の色が変わるくらいまで炒めます。

⑥ ココナッツミルクを入れ、続いて水を入れたら、7～8分ほど煮込みます。

⑦ 最後に塩で味を調えて完成!!!!

とっても簡単ながら、ココナッツミルクのアクセントでカレーの印象がガラリと変わるから不思議。はいっ、ココナッツミルクは偉大なのであります!!!

ちなみにカレー粉を使っていますが、本来はフェネグリークというスパイスを使うところを、初級者向けということで、あえて使っているのでした。簡単ながらエキゾチックな南国テイストが楽しめるオススメのレシピなので、ココナッツミルクをＧＥＴして作ってみてくださーい。

ホールスパイスを炒めてみよう！

パウダースパイスの扱いに慣れてきたら、ホールスパイス（パウダーになる前のスパイスの原形）を炒めてみましょう。

ホールスパイスはそのまま炒めて使う、ミルサーなどで粉砕しパウダーにして使うの２パターンの使い方がありますが、パウダーにすると強い香りがカレーに移り、ホールのまま炒めて使うと柔らかい香りが長くカレーに残る感じになります。

ここでは、難しいレシピにいきなりいかず、先ほどのココナッツチキンカレーのレシピからカレー粉を外し、ホールスパイスを加えていきたいと思います。

簡単ココナッツチキンカレー ホールスパイス版

材料：４人前　**調理時間：25～30分**

鶏もも肉　250 ～ 300g（1枚。一口大にカット）
玉ねぎ　中1個（みじん切り）
カットトマト缶　½缶
ニンニク　3片（すりおろし）　※1片は5gで計算
ショウガ　ニンニクと同量（すりおろし）
ココナッツミルク、水　各200cc
塩　小さじ1
サラダ油　大さじ3

～ホールスパイス～
シナモンスティック　½本（4～5cm）
カルダモン　6個
クローブ　4個

～パウダースパイス～
コリアンダー　大さじ1
クミン　大さじ½
ターメリック　小さじ1
レッドペッパー　小さじ½　（辛口希望の方は小さじ1）

作り方

① さぁ、まずはホールスパイスを炒めていきましょう。鍋に油をひき、中火で1分～1分半くらいでOKです。スパイスのアロマがふわっと広がってきて、それだけでテンションが上がっちゃいますYO♪♪ あとは先ほどと同じ流れで作っていきます。

② 玉ねぎを入れスパイスと一緒に炒めていきます。（アメ色になるまで12～15分ほど）

③ ニンニク&ショウガを入れ1分半ほど炒めます。

④ カットトマト缶を入れ、2分炒めます。

⑤ パウダースパイスを入れて2分ほど炒め、香りを引き出していきましょう。

⑥ 鶏肉を入れ、表面の色が変わるくらいまで炒めます。

⑦ ココナッツミルクを入れ、続いて水を入れて、7～8分ほど煮込みます。

⑧ 最後に塩で味を調えて完成!!!!

ホールスパイスを入れただけで、先ほどのカレーよりも、柔らかい香りがフワっと広がり、よりエキゾチックな表情に変化するのがわかると思います!!　慣れてくると、**シナモン**の量は変えずに**クローブ**を6個や**カルダモン**を10個といったように増やしていくと、香りが変わっていくので面白いですYO!!

2日目のスパイスカレー

カレールーから作ったおうちカレーは、2日目のほうが美味しいと言われていますが、確かにその通りだと思います。

では、スパイスから作ったカレーはどうなのか??

インド料理に精通している方に言わせると、「2日目は香りが飛ぶので美味しくありません」だそうなのですが、お叱りを受けるのを覚悟で書いちゃうと、2日目のスパイスカレーやインドカレーも十分美味しいですYO!!!

確かに香りは落ちるといえば落ちますが、経験的に美味しいです。

そして、もっとお叱りを受けるかもしれませんが、冷凍してもこれまた十分美味しいのです。

スパイシーさんは試作品をよく作るのですが基本は4人前なので、当たり前ですが食べ切れません。

なので、肉カレーはかなりの割合で冷凍保存しますが、冷凍しても解凍後は十分スパイスが香ってめっちゃ美味しいんですよね!

もちろん作りたてのほうが美味しいですが、それはどのジャンルの料理でも言えることで、2日目のインド料理は香りがなくて食べられたもんじゃない!というのは、経験的に大げさな表現に感じられまして、言うほどマズくならないし、いやいや十分美味しいっすよ!! と、声を大にして言いたいのであります。

「2日目のカレーはあり得ない」的な話になると、カレーやスパイス料理が神秘的なものに感じられて、逆に嬉しくなる人もいるのかもしれませんが、こういう話が先行してしまうと、作ってみようと思うハードルが高くなる気がしまして……。

余ったら次の日や3日くらい冷蔵庫に入れておけば良いし、それでも余るんだったら冷凍しちゃって大丈夫です。

特に冷凍保存はオススメで、自宅でターリーやミールス（31ページ）を食べようと思っても一度に数品作るのは面倒すぎるし洗い物も多くなるので、疲れちゃうんですよね。

（※ターリーは北インド式の定食。

一つのプレートに何種類ものカレーが付いたセットメニュー的なもの。ミールスは南インド式の定食で同様に何種類も食べられるプレートです。南インドでは今もバナナの葉に乗せて提供するバナナリーフミールスが楽しめます。上級者はご家庭でぜひ）

日々の食生活が全て手作りのインド料理の方には、苦じゃないのかもしれませんが（笑）、多くの人は趣味の料理であって、なかなか一度に品数を揃えるのは至難の業かと。

ってことで、この方法を応用すると、簡単かつ合理的にターリーやミールスを楽しむことができるのであります。

ちなみにベジ料理の冷凍もけっこうやってますが、豆類なら問題なく冷凍保存可。大きい豆は無理かな？　と思ったけど、レッドキドニーを使った豆カレーも問題なく美味しく楽しめました♪♪

ただ他のジャンルの料理と同様に、根菜類はスカスカになってしまうので要注意。サンバル（南インドの豆と野菜のカレー）を冷凍する場合は、ニンジンなどの根菜類は残念な感じになっちゃうので気をつけてください。

ちなみにどれくらい冷凍で持つのか??　実際にかなりの長期保存をしたことがないので限界はわかりませんが、1カ月程度なら全然問題ないし、2カ月でも経験的に十分美味しかったですね。

第4章

美容と健康のスパイスの魔法

ターメリックって凄い

カレーを食べると体に良いような気がするけど実際のところはどうなのか？　カレーを愛する者としては、これはめちゃくちゃ気になるトピックですよね！

カレーというかスパイスの効能。スパイシーさんも日々勉強していますが、全てのスパイスに魔法のような力が宿っているわけではないものの、やはり一部のスパイスには素晴らしい力がしっかりとある、と自信を持って言えます！

その代表格ともいえるのが黄色いスパイスの**ターメリック**。

今までいろんなスパイスを調べてきたけど、おそらく**ターメリック**が一番薬効が得られると思っています。では、どれだけ凄いのか紹介していきましょう。

まずはおなじみ肝機能の向上。**ターメリック**は別名**ウコン**。**ウコン**と聞くと酒好きの強い味方、「**ウコンの力**」をイメージしますが、まさに**ウコン**の力は**ターメリック**（**ウコン**）の力を利用した飲み物。

どうしてハウスウェルネスフーズから発売されているのか？　というと、カレー用に**ターメ**

リック（**ウコン**）の在庫がつねに大量にあったからで、カレーメーカーだからこそ開発できた商品なのでした。

次に美容と健康が気になる人には嬉しい、抗酸化《こうさんか》作用もあるのです!!

肌を衰えさせたり、重大な病気を引き起こしたりする老化の原因は酸化。

その酸化を抑える作用「抗酸化」はアンチエイジングにはものすごく重要なんですよね。

アンチエイジングのために抗酸化食品を摂りましょう！　とはよく言われますが、カレーを食べるだけで若くなるなんて最高じゃありませんか！　イエッス！　カレーバンザ――イ♪♪

自画自賛トークになりますが（笑）、スパイシーさんは40歳（１９７４年11月生まれ）なのに実年齢よりもかなり若く見られます。

「どうしてそんなに肌が若いんですか?」と女性の方からよく聞かれますが、ズバリ、カレーのおかげなのですＹＯ（笑）!!

いや、本当にそうだと思います。

スパイシーさんのように1週間10食のカレー生活を続けていると結果はきっと出ると思いますので、全国の美を求める女子のみなさん!!　奇跡のカレー美容法を今日からぜひ。

あっ、注意しなくてはいけないのが市販のカレールーは脂質《ししつ》のかたまりなので過剰摂取はあまりオススメできないかなぁ……ってところ。

スパイスカレーの摂取でないと、思い描く効果は出てこないと思うので、気をつけてくださいね。

もちろん美容だけでなく抗酸化作用により悪玉コレステロールが血管に付着するのを防ぐなど、成人病の予防にも効果的である！　ということもあり、抗酸化は良いことだらけなのです。

さらに**ターメリック**の凄さは続きます。

なんと抗炎症《こうえんしょう》作用もありまして、筋肉疲労などにも効果的。アスリートにもそのパワーを遺憾なく発揮してくれるのです。

運動をされる方にカレー好きが多いのも無意識ながら抗炎症の凄さを実感しているのかも？なんですよね。

そして、最後の凄すぎる効能が、なんと！　なんと！　なんと！　抗がん作用も期待できるんだとか!!　まだ動物実験の段階ではありますが最も期待できるのが大腸がん。

その他、すい臓がん、肝臓がん、胃がん、膀胱《ぼうこう》がん、前立腺《ぜんりつせん》がん、卵巣《らんそう》がん、乳がんなどさまざまな種類のがんに幅広く効果があることが実験（動物実験）で確かめられているんですよね。

これら全ての効能の元となっているのが、カレーの黄色いシミの正体であるクルクミンという色素成分。はいっ、あのしつこい黄色のシミは実は凄いヤツだったのです!!で、これだけ書くと合理的に毎日ウコンドリンクを大量に飲みまくりたくなる人も出てきますが、クルクミンの摂取《せっしゅ》のしすぎは副作用を伴うためとても危険。

絶対にしないようにお願いします!

カレーの範囲内だといくら食べても過剰《かじょう》摂取になることはありません。美味しいカレーを毎日食べて目指せ健康体! 美味しく楽しく効果的に摂取していきましょう。

余談ですが、先述の通り、カレーのシミの正体は**ターメリック**に含まれるクルクミンという成分。

で、実はなんとクルクミンは紫外線で分解される性質があるため、カレーの黄色いシミは天日干しで落とすことができるんですよね!!! まずは油分を軽く落とし、太陽にしっかり当たるところに干しましょう。

1日で落ちない場合は、翌日に再び干してみてください。経験的にほぼ必ず落ちます。カレーのシミが付いてもあきらめないでくださ——い。

＊ターメリック

ショウガ科の多年生草本《たねんせいそうほん》。麝香《じゃこう》のような香りと美しい金色が好まれ、南アジアで広く使われている。

特にインドのベジタリアン料理にはよく使われ、豆類の料理にも欠かすことができない。

そのままだと土っぽい香りがするが、加熱した油に通すと甘い独特の香りが広がる。黄色の着色作用があり、**カレーパウダー**や日本のたくあんの色づけも実はこの**ターメリック**。

和名は**ウコン**。沖縄では**ウッチン**と呼ばれる。

日本において、近年では肝機能への作用が注目され、ウコンドリンクとして親しまれている。

黄色の色素成分はクルクミンという物質だが、近年はこのクルクミンの薬理効果に注目が集まっている。

クミンとコリアンダーで頭が良くなる!?

カレーを食べて頭が良くなれば最高ですよね!

カレー好きの方と話をしていると、学生時代にカレーを食べると不思議と勉強がはかどったって話で意気投合することがよくあるのですが、カレーと頭脳。もしかすると、本当に関係があるかもしれないですよね!

まだまだ動物実験の段階の話なのですが、「Journal of Pharmaceutical Biology」に掲載された実験結果によると、学習や記憶にかかわる機能を向上させることが明らかになったそうなんです。

まずは**クミン**から。ラットによる学習能力の実験なのですが、ゲージの床に罰用の電気ショックを流す、ブザーが鳴った時にポールによじ登ると電気ショックが避けられる、とラットには訓練。

この結果、普通の水を飲んだネズミは、電気ショックを避ける行動を学習するまで11日間かかったのに対し、**クミン**入りの水を飲んだものは8日間と短く、また**クミン**の濃さに比例して訓練にかかる時間も短くなることもわかったというんです!!

さらにネズミに疑似アルツハイマーの症状を作る薬を投与すると、ブザーが鳴った際、電気ショックを避けられたものは40％減少。

ところが最大濃度の**クミン**が入った水を飲んだネズミには、薬の影響がほとんど見られなかったとのことなんです!!

さらに「Journal of the Science of Food and Agriculture」では、**コリアンダー**にも同様の効果があるという内容の研究論文を掲載しているんですよね。

こちらもラットによる実験ではありますが、ラットの餌に、5～15％の**コリアンダー**を混ぜたところ、年齢の幅にかかわらず、**クミン**同様、学習能力を向上させる効果が認められる結果が出ていて、**コリアンダー**の濃度と結果は比例していたと言います。

もちろん、これだけでカレーは頭に良い食べ物だ！　とは言い切れませんが、先ほど紹介した**ターメリック**が人間の脳にも良いということは、多くの研究者によって証明されつつあるし、特に**ターメリック**に含まれる成分、クルクミンの化学構造を少しだけ改変して作られたCNB-001と名付けられた薬品は、ラットでの実験により記憶力を高める効果を持つことが確かめられているんです。

さらに脳科学者の茂木健一郎《もぎけんいちろう》さんは2011年に（一定の条件下で）カレーを食べるとＩＱが7上がる！　という衝撃的な実験結果を発表しまして（株式会社センタンによる実験。ＩＱ値よりも脳の司令塔である背外側前頭前皮質が活性化したことが重要）、カレーと頭脳がかなり深い関係にある！　というのは徐々に証明されつつあるんですよね!!

美味しく幸せな気持ちにしてくれるだけでなく、頭まで良くしてくれる！　こんな食べ物は他には絶対ないですよね！　カレーってすげぇ〜〜♪♪♪

＊クミン

セリ科の一年草の種子で、カレーに欠かせない最もカレーらしい香りのするスパイス。暑い気候に適した植物で高さはおよそ30センチほどに。

原産はエジプトだが現在はイラン、インド、ヨーロッパなどで広く栽培されている。エキゾチックな特有の芳香からインド、トルコ、北アフリカ、スペイン、メキシコなどさまざまな料理の風味づけに使われている。

食欲増進、消化促進、胃痛・腹痛の緩和に効果を発揮。

また、強壮効果、関節痛、生理不順にもよいと言われる（抗がん作用の効果も期待されている）。

＊コリアンダー

実（シード）はカレーには欠かせないスパイスとして多くのインド料理に使われる。

中近東では挽き肉料理やソーセージ、シチューなどに、ヨーロッパ、アメリカではピクルスやオーブン料理用のスパイスとして使われる。

葉はパクチー、シャンツァイ、**コリアンダー**リーフ、ダニヤーなど、さまざまな呼び名があり南アジア、東南アジア、中国などで利用されている。

精油はお香や香水としても使われる。

種子は健胃《けんい》、駆風《くふう》、去痰《きょたん》、解毒《げどく》、鎮静作用があり、種子の抽出物には抗菌作用がある。

その昔は、防腐剤や催淫《さいいん》剤として媚薬《びやく》にも調合されていた。

シナモンでアンチエイジング！

ココナッツミルクベースのケララチキンカレー。自分のレシピレパートリーの中でも好きなカレーの一つなのですが、このカレーは**シナモン**（**カシア**）をたくさん入れるのが特徴。強めの**シナモン**の香りはテンションが上がるんですよね♪♪♪

よく「**シナモン**（**カシア**）」という表記で書いたりするのですが、**カシア**とは**シナモン**の一種ではあるものの、似て非なるもの。香りが全然違うのであります!!

正式には**シナモン**とはスリランカ産のものしか**シナモン**とは呼べず、市場に出回っているものの多くは**シナモン**ではなかったりします。

スリランカ産の**シナモン**は皮が薄く、カプチーノなんかにも添えられているようなものなのですが、香りが柔らかく上品なアロマなんですよね。

対する**カシア**はゴツゴツとした硬い木の皮で、香りもよくワイルドな香りになります。

スパイシーさんもかつてはスリランカ産**シナモン**とインド産**シナモン**に違いがあるなんて全然知らなくて、美味しいインド料理を食べるたびに、ある程度の香り分析ができるのに、この**カシア**の香りが全然わからなくて「とてもよく知っている香りっぽいんだけど、でも自宅にあるスパイスとは違うんだなぁー。何てスパイスなのかなー」と、長いこと思っていたのです。

が、スパイス屋さんで**カシア**タイプの**シナモン**を興味本位で買ってみたところ、「あっ!!あの香りだっ!!!」と、ようやく正体がわかりめちゃくちゃスッキリ。今に至るのであります。

今までずっとスリランカ産の薄皮タイプの**シナモン**を使っていた方も、**カシア**に替えるだけで同じレシピのカレーの香りが一気に変わるので、ぜひ試してみてほしいですね!!

特にインド料理を再現する場合は、**カシア**のほうが断然美味しいと思います。

そうは言ってもスリランカ産薄皮**シナモン**にも良いところがたくさんありまして、一番のメリットは他の香りをあまり邪魔しないところ。

他の香りを**シナモン**で消したくない場合だったり、カレーマニアではなく一般的な人にカレーを振る舞う場合は、あえてスリランカ産薄皮**シナモン**でインド料理を作ったりするのでした。

上級者の方は使い分けてみると新たな発見があるかもしれないので、これを機に**シナモン**についてもっと探求してみましょう。

せっかくなので**シナモン**の凄さもここで書いちゃいますね。

というのも**シナモン**もかなり嬉しい効能が期待できるスパイスで、なんと、なんと、シワやシミなどの老化現象を予防できる奇跡のアンチエイジングスパイスなんです!!

美肌をずっと保っていたい方にはめちゃめちゃオススメのスパイスなんですよね。

その効能は大学教授の折り紙付き。大阪大学微生物病研究所の医学博士・高倉伸幸《たかくらのぶゆき》教授によると、**シナモン**は血糖値を下げる効果があり、シワやシミの予防・皮膚のたるみ予防・薄毛予防など、老化防止にも効果がある、とのこと。

詳しく書くと、**シナモン**（**ケイヒエキス**）には血管がもろくなってしまうのを防いでくれる「Tie2（タイツー）」という物質を活性化させる効能があるそうなんです。

つまり、**シナモン**を体内に取り入れることで、毛細血管が丈夫になり、結果としてシワやシミなどの老化現象を予防できる、ってことになるわけです。

目安としては、1日に**シナモン**０・６ｇ（パウダータイプで、約6振り）で効果があるんだとか。

えっ、え～!?　**シナモン**を1日6振りも……。そんなの無理……と、あきらめモードになってしまったアナタ！　まだ気づきませんか？　そうなんです。

シナモンをカレーで摂取しましょう！　ってことなのです。カレー作りにおいて、**シナモン**はなくてはならない存在。

スパイスカレーだけでなく**カレーパウダー**や**ガラムマサラ**にも必ずブレンドされている重要なスパイスの一つなんですよね。

スパイシーなカレーのほうがなじみやすいので、ルーカレーではなく、カレー粉で作るカレーに多めに入れると、美味しく摂取することができるのでオススメ。アンチエイジングを目指している方も楽しく、美味しくLet'sカレーなのでスパイシー～～♪♪♪

ちなみに、**シナモン**を大量に摂りすぎると、肝障害を誘発する可能性があるので分量にはご注意を（成分の一つ、クマリンの過剰摂取が良くないらしい）。

たっぷり摂るから体に良い!!　ってわけではないのです。

1日0・6gを必ず守ってくださーい。

本書の後半では**シナモン**をホールの状態で使う（パウダーにせずゴツゴツしたまま）レシピがけっこう登場しますが、**スリランカシナモン**の場合は、1本が10センチと考えているので、1／2本は5センチ。**カシア**を使う場合は2・5センチ片が基本ですが、巻いているタイプは筒状で2・5センチではなく、筒を半分に割ったものを2・5センチ使います。**カシア**はそれくらいで十分香るので気をつけましょう。

＊シナモン

原産はスリランカ、南インド。現在も最大生産国はスリランカ。

インドの**シナモン**は**カシア**という別品種。

香りにも違いがあるのにもかかわらず、混同して流通している場合が多い。

クスノキ科の常緑樹《じょうりょくじゅ》で熱帯の海岸沿いの低地に育ち、砂交じりの土壌を好む。

樹皮をナイフではぎ取り、乾燥させたものがスパイスとして利用される。

いちばん最初に収穫した樹皮は暑くて質が劣り、はがし取る回数を重ねるにしたがい質のいいものが採れるようになる。また、幹の中心から出る細い枝が最上の**シナモン**とされる。

日本への伝来も古く、ケイヒ、ニッキ、ニッケイと呼ばれ、京都の「八つ橋」などの菓子や料理の香料として利用されている。

インドでは腹痛や下痢の治療薬としても利用。

和漢薬においても広く利用されており、発熱、悪心、嘔吐などに効果を発揮する。

＊カシア

クスノキ科の樹皮をはがし乾燥したもので、**シナモン**とは親戚筋にあたる。

シナモンと混同されることが多いが、見た目もゴツゴツとしていて香りが若干違う。内側は**スリランカシナモン**と比べると色が濃く赤茶色で、きめが細かい**シナモン**とは簡単に区別がつく。**チャイニーズシナモン**とも呼ばれる。

高さは3メートルほどになる熱帯常緑樹。原産はアッサム地方とミャンマー北部。

強壮剤として処方されるほか、下痢、吐き気、おなかの張りにも効果的と言われている。

フェネグリークは女性のように接しよう！

一番好きなスパイスって何ですか？　とごく稀に聞かれる質問があるのですが、「**フェネグリーク**です」と答えると、多くの方が「??」となってしまうんですよね。

マニアックにスパイス料理、インド料理を作られている方にはおなじみのスパイスですが、一般的にはあまり知られていないスパイス、**フェネグリーク**、またの名を**メティ**。

今までいろんなスパイスを使って料理を作ってきましたが、まだまだヒヨッコなもので、**フェネグリーク**はいまだにビビっちゃうんですよね!!

いや、ほとんどのスパイスはビビらなくても、ある程度は雑に扱っても失敗することがないのですが、**フェネグリーク**は失敗しちゃうとカレーがめっちゃ苦くなってしまう、珍しく危険なスパイスなんですよ。

そんなスパイスなのに大好きな南インド料理ではよく使うスパイスなもので、このスパイスとは常に向き合わなければいけないのであります。

で、扱いを間違えると苦くなってしまいますが、ちゃんと扱うと、たまらないくらい心が躍るスパイシーな香り、つまりアロマが広がりまして、スパイシーさんのテンションをその香りだけでアゲアゲにしてくれるんですよね!!

香りを引き出すために最初に油と一緒にローストするのですが、ローストしすぎると苦くなってしまう。しかし、ベストなところまで持っていくと最高のアロマを手に入れられる!! 美しいのに、とてもデリケートで、適当に扱うと苦さという意地悪をされてしまう、いや、全てが台無しになってしまう……。

まるで女性のようなスパイスだと最近は思っています。

そんなわけで、最近はベストと思われるロースト時間の一歩手前でやめて、すぐさま玉ねぎを投入。玉ねぎと一緒にじっくりローストし、この中で**フェネグリーク**の香りも引き出そう!! という向き合い方にしています。

女性に対しても難しい駆け引きは苦手なもので最初から踏み込みすぎず、時間をかけていこうかなぁ、と(笑)。

ちなみに、**フェネグリーク**の好きな所は香りだけではなくて、スパイスとしてのパワーも凄い! ということ。スパイスって神秘的なイメージがあるので全てが体に良さそうな気がしますが、実際にデータとして効果効能がわかっているスパイスは少なく、意外と魔法のような凄い力を持っているものは少ないいんですよね。

そんな中、数少ない薬効的なものが確認されているのが、**ターメリック**と**シナモン**とこの**フェネグリーク**なのであります。

特に**フェネグリーク**は男性の精力を上げる!! という凄い力を持っていまして、オーストラリアのブリスベン分子医学センターの調査によると、**フェネグリーク**を摂取することで性欲が少なくとも25％はアップするということがわかった!! というデータまであるんですね!!

そして、それだけでなく、女性にも嬉しい効果がありまして、女性が摂ると体内で女性ホルモンに変わり、バストを大きくしたり、母乳の出をよくしたりする効果があるそうで、**フェネグリーク**の有効成分のサポニンはサプリメントとしても売られているんですよね!!!

インドの方からも子供の頃、風邪を引いたときは水に**フェネグリーク**を入れて一晩おいた**フェネグリーク**水を飲まされた!! って話を聞いたことがありますし、その力は他のスパイスを圧倒するものがあるんですよね!!!

扱いづらいですが、その反面、心躍る香りと魅惑の力を体に与えてくれる**フェネグリーク**。ビビりながらも、これからもじっくりと付き合っていきたいと思います。

＊フェネグリーク

セロリやセリに似た強い芳香があり、市販のカレー粉には欠かせない香りとなっている。

マメ科の一年草で、細長い鎌状のさやに含まれる小さな堅い種子がスパイスに。

インド全域で使われるが、特に南インド料理では多用される。

種だけでなく葉も使われ、インドでは野菜として料理に入れる。

乾燥した葉はカスリメティというスパイスになり、インド料理でよく使われる。

口腔病、口唇のひび割れ、滋養、健胃、駆風、腎臓虚冷などの薬用があり、煎じた汁は婦人病に効くと言われる。

催乳ハーブとしても知られる。

クローブで風邪予防

カレーで風邪予防！　カレーを食べれば風邪を引かないんです！　と、大声で言いたいのですが、カレーばっかり食べているスパイシーさんも残念ながら風邪を引くことはあるため、説得力がないっすよね。

では、カレーにまつわるもので風邪を予防することはできないのか？　あくまでも、スパイシーさんの経験談になりますが、これが、これが、できちゃったのですYO!!

医療関係者や学者先生たちによる効果の立証は皆無ですが、〝これ〟により何度も風邪悪化回避に成功しているため、自己責任に委ね書かせていただきます。

風邪予防、風邪の悪化回避にものすごい威力を発揮してくれるのが、カレーでよく使う「**クローブ**」というスパイス。

使い方は簡単。風邪を引きそうかな⁇　と思った時や、あっ、風邪のウィルスがノドに入ったかも、と感じた時にこのスパイス「**クローブ**」を、原形のまんま〝口に含む〟だけ。

飴の感覚で、味がなくなってきたら、次の**クローブ**を口に含む。摂取の目安は、人それぞれってことで（アバウトですんません）。

ただし、この**クローブ**というスパイスは慣れていないと、めっちゃ〝マズイ〟っす（笑）。

クローブ成分は歯医者さんの麻酔にも使われていたりするので、原形の味は、歯医者さんの薬品の味ってのがわかりやすいと思います。

しかも、麻酔に使われるだけあって口の中が少しピリピリしたりするのです。

主成分のオイゲノールが強力な殺菌力を持つため、おそらくオイゲノールが風邪のウィルスをやっつけてくれるのだと……思います（実験データなどの裏付けはありません）。

「風邪とスパイス」で調べていると、とあるブログに「風邪に**クローブ**が良いらしい」なんてことが書いてあって、半信半疑で風邪の引き始めの時に試したところ、なんとしっかりと回復！

そのマユツバもの効果を体感してから何度も〝風邪回避〟を経験しているので、やはり何かしらの効果があるのだと確信している次第です（最近、これでインフルエンザも回避しました。妻と息子がインフルエンザにかかったのにスパイシーさんのみ元気でしたYO♪♪）。

スパイシーさんの経験から言うと、マズイですが、かなり効きます!!!!

実はノドから風邪のウィルスが侵入しやすい体質で、よく、ノドからの風邪を引き、困っていたため、これからもかなりお世話になりそうです。

ま、**クローブ**はもともと漢方薬の一つでもあり、口臭予防として、昔から直に口に含まれてきたスパイスなので、この行為自体に問題はないとは思います。

ですが、ですが、実践する場合は、あくまでも個人の責任でよろしくお願いいたします。

あっ、特に妊婦さん、授乳中の方はスパイス系の刺激物は良くないとされているのでやめておきましょう。

ちなみに、この**クローブ**の原形。コーヒー豆販売でもおなじみのKALDIでも売っているので比較的買いやすいスパイスかと。さぁ**クローブ**を口に含んで、風邪とおさらばしちゃいましょう!!!　**クローブ**スパイシ～～♪♪♪

＊クローブ

インドネシアのモルッカ諸島原産の常緑低木《じょうりょくていぼく》で、つぼみを乾燥させたものを利用する。

クローブの花蕾《からい》は釘に似た形をしているため、中国では釘を意味する「丁」から「丁香《ちょうこう》」「丁字《ちょうじ》」の名があてられ、フランス語では釘を意味するClouと呼ばれ、英語のCloveもこれを語源とする。

特徴的な香気成分はオイゲノール。弱い麻酔・鎮痛作用があるため、そのまま口に含むと舌がしびれる。またその殺菌、鎮痛作用で歯科の治療にも使われる。防錆効果も強く日本刀のさび止めにも使われていた。

香辛料としてカレーをはじめ、肉料理、製菓、ウスターソース、ミートソース、ケチャップなどに利用される。

インドネシアでは、タバコの葉に**クローブ**を2対1の割合で混ぜて作ったクレテックというタバコが好まれている。

強烈な香り！　ヒングを使おう！

けっこういろいろ書いてきたので、よりマニアックな話もしてみようかと。

インド料理好きで、さらにインド料理を作るのが好きで、さらに南インド料理をよく作る人にはよく知られているけれど、一般的には知られていない、ものすごく重要なスパイスの一つに「**ヒング**（**アサフェティダ**）」というものがあります。

植物の樹脂をパウダー状にしたものなのですが、何が凄いのかというとビックリするくらい衝撃的に「臭い」スパイスなのです。

硫黄《いおう》臭をさらに臭くしたような、本当に独特の臭いがするため、スパイシーさんは瓶に詰めて、さらにビニール袋に入れて保管しているくらい取り扱い要注意のスパイスなんですよね。

ですが、この**ヒング**、油に入れるとものすごく香ばしい香りになりまして、ニンニク&玉ねぎの風味に近いけど、似ているようで違う独特の香ばしさとコクを与えてくれるんですよね。

そもそもの歴史として、インドは宗教上、厳しい戒律が食の中にはたくさんありまして、一部の宗教の人たちにとっては玉ねぎ&ニンニクを食べることはタブーなのです。

その昔、この**ヒング**と呼ばれるものがインドに伝わり、ニンニク&玉ねぎのような香ばしさとコクが出るけど、ニンニク&玉ねぎじゃないから宗教上問題ないよね!! ってことになり、宗教上のタブーがないうえに美味しいってことから、あっという間にインド全体に広まった!!という面白い歴史があるスパイスなんですね。

インドはアーユルヴェーダの思想が深く根付いているため、新しい食べ物を受け入れることは少なく、すぐに広まることもまた少ないのですが、よほど使い勝手が良かったのか、この**ヒング**だけは例外的にあっという間に広まったみたいです(他にあっという間に広まったものは唐辛子くらいですかね)。

で、この**ヒング**というスパイス。料理マニアの間では、耳かき1杯分という、ごく少量しか使ってはいけなく、入れすぎると変な味になってしまうので注意!! というふうに知られているのですが、経験的にもいろいろ調べてみても、実はそうではないですYO!!

ってマニアックなことをここでは伝えたかったのでした。

耳かき1杯分じゃないと絶対にダメ。どうして、そう広まったのか調べれば調べるほど実に謎なのであります。

もちろん、料理として耳かき1杯分がベストなものもたくさんありますが、4人前で小さじ1/2くらい入れるレシピはたくさん存在していて……、いやいやニンニクを使わないレモンラッサムなんかは**ヒング**小さじ1くらいは普通に入れていたりするんですよね。

で、**ヒング**の香りがわかってくるようになったうえで食べ歩いてみると、がっつり**ヒング**を入れているお店が東京でもたくさんあり、それがどれもめっちゃ美味しいんですよね!!

スパイシーさんも、昔は**ヒング**は耳かき1杯分ってのに縛られていて、**ヒング**の喜びを知るのに時間がかかってしまいましたが、今ではサンバルは小さじ1／2が当たり前な感じになっています（もちろん別の作り方のサンバルは、**ヒング**は耳かき1杯分ってのもあります。あくまでバリエーションの話です）。

繰り返すようですが、**ヒング**はかなり自由に使って良いスパイスです!!

マニアックに作られている皆さんも、ビビらずに小さじ1／2くらい入れてぜひ作ってみてください。

＊ヒング（アサフェティダ）

インド以外の国では、あまり知られていないスパイスである。

ジャイアントフェンネルとも呼ばれる植物の根茎《こんけい》から採れる樹脂のような物質を乾かし使う。

揮発性の成分の中に硫黄化合物が含まれているため強い悪臭がある。

苦味と辛さが混じり、そのままでは嫌な味がするが、熱した油に通すことで香ばしい玉ねぎやニンニクのような香りへと変わる。

けいれんを抑える作用がある。昔はヒステリーなどの鎮静剤としても利用されていた。インドではおなかの張りや気管支炎の薬にも処方されている。

唐辛子の分量に要注意

この本にもいくつかレシピを載せていますが、レシピを書くうえで難しいスパイスというものがありまして……、実は**レッドペッパー**（**唐辛子**）なんですよね。

というのも、**レッドペッパー**ってメーカーやスパイスショップによって全然違っていたりするので、自分ではあまり辛くないイメージで書いているのに、辛い唐辛子パウダーを使ってしまったがために、辛いカレーになってしまった……ってことがよくあるのです。

大手メーカーのスパイスは高額なので普段あまり使わないのですが、某メーカーの**レッドペッパー**をたまたま使ってみたところ、けっこう辛くてビックリ。

そんな経験もありまして、スパイシーさんは辛めの唐辛子のイメージで分量を載せています。

ちなみに辛い唐辛子の代表的なネーミングで**カイエンペッパー**というのがあります。**カイエンペッパー**は辛いタイプが多いのですが、**レッドペッパー**でも**カイエンペッパー**くらい辛味が強いものもけっこうありますし、**カイエンペッパー**なので辛さを期待したら、そこまで辛くなかった、って場合もあります。

やはり初めて使う唐辛子は最初は控えめに使って様子を見て、足りなければあとは最後で追加するのがベストかと思います。

辛さの強さがわかったら、それ以降はレシピの**レッドペッパー**の部分はあまり気にせず、自分の唐辛子レベルで合わせちゃって大丈夫ですね。


レシピ本でたまに**レッドペッパー**大さじ1とか大さじ2っていうものがありますが、激辛カレーを作るレシピではなく、そのほとんどが辛くない唐辛子パウダーを使っているから、そんな分量になっているのです。

レシピを見て唐辛子の部分で、えっ？　となってしまった場合は自分の唐辛子レベルで作っていきましょう。

上級者の方は英語でレシピ検索をする場合は、**カシミールチリ**という辛さが弱めの唐辛子を使っている場合がけっこうあるので、これまた注意が必要です。

どの程度の辛さの唐辛子を使っているのかよくわからないので、これまた自分の唐辛子レベルで作ったほうが無難ですね。

ちなみに**カシミールチリ**のレシピを再現したい場合は、**カシミールチリ**を持っていなくても通常の**レッドペッパー**＋**パプリカパウダー**で近い感じに仕上がるのでオススメ。
パプリカって唐辛子と同じくトウガラシ属の植物なので唐辛子のサヤの香ばしくまろやかな

風味が意外と出るんですよね。スパイシーさんも**カシミールチリ**を多用するゴア料理を作る際は、このパプリカ使いにめちゃくちゃ助けてもらっているのでした。

唐辛子。自分の好みの分量さえわかればそれほど難しいことではないので、まずはよく使う唐辛子の辛さレベルを把握しておきましょう。

＊レッドペッパー

原産地である中央、南アメリカおよび西インド諸島では何千年も前から栽培され食されていたスパイス。

今ではとても一般的だが、インドを含め15～16世紀の大航海時代以前はその存在が知られていなかった。

レッドペッパー、**チリ**、**チリペッパー**、**カイエンペッパー**、**唐辛子**、**鷹の爪**など呼び方はさまざまだが、日本で流通しているものは一緒の場合が多い。

世界的に見ると形や大きさ、色も味もさまざまなものがあり、パプリカやシシトウ、ピーマンも**レッドペッパー**の甘味種に含まれる。

インドでは**カシミールチリ**と呼ばれる辛味が少ない**レッドペッパー**が広く流通し、料理によく使われる。

グリーンチリは熟す前の**レッドペッパー**で、植えてから3カ月ほどで収穫されたもの。

レッドペッパーが伝わる前のインドでは、辛味付けは**胡椒**、**マスタード**、**ロングペッパー**などが利用されていた。

炭水化物の消化を助ける働きがあり、食欲増進、健胃、発汗に効果を発揮する。

タミフルの正体はスターアニス

先日、ゴア風ココナッツチキンカレーを試作しました。ベーシックスパイスにアクセントとして**スターアニス（八角）**を使うレシピだったのですが、ケララ料理やタミル料理、先述のゴア料理などの南部の料理って、けっこう**スターアニス**を使う場合が多いんですよね！

とはいえ、漢方薬的な甘い香りはクセがあるので好みも分かれるところ。

カレーはいつも以上に香り高く仕上がりは美味しかったけど、日本人向けとしてはもう少し改良する必要があるかな。

さて、今回はアクセントスパイスとして活用した**スターアニス**ですが、実はカレー以外にも日本というか世界で大活躍しているってご存知でしたか？

毎年冬になるとインフルエンザの流行がニュースになりますが、抗インフルエンザ薬の「タミフル」は、なんと、なんと、原料は**スターアニス**なのですYO!!

詳しく書くと、タミフルはスイスの大手製薬会社ロシュが独占的に製造している抗インフルエンザ薬。

中国料理やスパイスとしてカレーに使われる植物トウシキミの果実「**八角**（**スターアニ**

ス）」を原料に、その成分であるシキミ酸から10回の化学反応を経て生産されています。

原料は**スターアニス**ですが、もちろん**スターアニス**自体に効果があるわけではなく、あくまでも成分の一つシキミ酸のみが有効（化学反応がマスト）。

ですので、インフルエンザにかかって**スターアニス**を大量に摂取しても、そして、カレーを大量に食べても、効果は全くないのでご注意を（※必ずタミフルや他の抗インフルエンザ薬で治療してください）。

ちなみに、新型インフルエンザが流行した時にタミフルの需要が急増したため、原料である**スターアニス**の価格が高騰。カレーのスパイスとしても使用されているため、あの時期はカレーメーカーもスパイス確保に大変だったようですね。

スパイス価格高騰↓利益減ってことです。

カレーにインフルエンザの予防効果はありませんが、野菜とお肉のバランスがとれたカレーライスはほぼ全ての栄養素が摂れる完全食！

ってことで、栄養満点のカレーライスを食べてインフルエンザ時期を乗り切っていきましょう♪♪♪

＊スターアニス

シキミ科の常緑樹、トウシキミの果実を乾燥させたもの。

８つの角を持つ星形で、芳香がアニスと似ていることから**スターアニス**と名付けられた。

原産は中国で**八角**と呼ばれている。

中華料理にも欠かせないスパイスであり、豚肉や鴨、鶏料理には重要。中国のミックススパイス、五香粉《ウーシャンフェン》にも用いられている。

健胃、嘔吐、風邪、咳止め、鎮痛に効果を発揮する。

スパイスは雑に扱ってもOK

シンプルなパウダースパイスのみで作る北インド風チキンカレー。仕上げにパウダースパイスのカスリメティという珍しいスパイスを入れているのですが、このカスリメティ、恥ずかしながらかなり前に買ったもので……、あまり使わないスパイスなので買ってから2年くらい経過しようとしています。

えっ？　2年も!?　と思うかもしれませんが、2年経ってもちゃんと香るし、カレーのアクセントとしてしっかりと機能するんですよね。

よく「スパイスはいつまでに使い切らないといけないのですか？」と聞かれるのですが、「2年くらい経っていても全然使えますよ！」と答えるようにしています。

もちろん、本当は短い期間で消費したほうが良いに決まっているのです。

香りが飛んでしまうのも事実です。

ですが、ですが、時間が経ってしまったスパイスでも経験的に意外と美味しいカレーを作ることができるのですYO!!　ってことを多くの人に知ってもらいたいですね。

2年経ってしまったから……というだけでスパイスが捨てられてしまうのはもったいない。

そして、スパイスって買っても余っちゃうし……、時間が経つと使えなくなるから……という誤解から、スパイスを買うことに躊躇している人も多い気がするんですよねぇ。

ってことで、批判覚悟で（笑）声を大にして叫んでいきたいです!! 意外と悪くないので（↑この表現は重要です）、時間が経ったスパイスももったいないのでどんどん使っていきましょう♪♪


そして、次もよく聞かれる質問。

「スパイスはどこに置いて保管しなければいけませんか？」

これもあまり気を使いすぎなくて良いと思います。高温多湿を避ければ問題ないかと。普通の調味料の棚とかで十分だと思いますし、スパイシーさんは普通にガスコンロの下の調味料棚に入れてます。

よく瓶に詰めないと傷んでしまうのか?? と勘違いされてる人もいますが、スパイシーさんは瓶で保管したことは正直ないっすね（笑）。

雰囲気が出てオシャレで良いとは思うのですが、かなりの種類と量があるので瓶に詰めちゃうと場所が足りなくなっちゃうもので……。

このように意外と雑に扱ってもスパイスは傷みませんし、しっかりと美味しいカレーを作ることもできるのです!!!

どうもスパイスには扱いづらいイメージがあって、〇〇じゃないとダメだ!! 的な都市伝説的な話もあったりするもので、スパイシーさん的にはもっと気軽に買ってもらい、もっと気軽に使ってほしいんですよねぇー。

スパイス繋がりでもう一つ。

以前、知り合いに「特に困るのが**カルダモン**。カレー以外に使い方がわからないので、買っても棚にしまいっぱなしです」と言われ、一般的には**カルダモン**はそういう存在なのかとビックリした思い出があります。

もしかすると同様に**カルダモンパウダー**の使い道も、わからず棚に眠っている方が多くいるかもしれないので、ここで再び声を大にして叫びます。

「**カルダモンパウダー**が余ったら、いろんなカレーにぶっ込んでみましょう!!」

実は**カルダモンパウダー**は、おうちカレーでもレトルトでも一瞬にしてエキゾチックな香りに変身させてくれる魔法のスパイス。

カレーにちょい足しすると美味しくなるネタを聞かれた時は、いつも**カルダモンパウダー**と答えるようにしているくらい、多くの人にトライしてほしい使い方なんですよね。

多くの方が香りを高めるために**ガラムマサラ**を入れたりしますが、市販のルーカレーに入れるとたしかに香り高くなるけど、激変はしないんですよね。

その点、**カルダモンパウダー**はかなり激変させてくれます!!

もはや時代は、**ガラムマサラ**ではなく**カルダモン**なのです♪♪

使い方ですが、たっぷり入れても問題ないスパイスなので1人前に小さじ1程度入れちゃいましょう。

小さじスプーンがない人はティースプーンに1杯。

レトルトカレーだったら、温めたレトルトに**カルダモンパウダー**を入れてかき混ぜるだけ。

市販のルーカレーなら、食べる直前に人数分の**カルダモンパウダー**を入れ、軽くかき混ぜるだけ。

どうですか⁇　めっちゃ簡単じゃないですか‼

で、さらに楽しみたい人は、これに**レッドペッパー**を入れて（量は好みで）辛さをアップさせると、それだけでおうちのカレーもレトルトカレーも全く別物と言っていいくらい大変身してくれるのです‼

スパイシーさんは**カルダモン**普及委員会ってのを勝手に作り、普及委員長とも勝手に名乗っているのですが、使いやすく即効性のある魔法のスパイス、**カルダモン**の喜びをもっと多くの人に届けたいんっすよねぇー。ってことで、自宅の棚に**カルダモンパウダー**が眠っている方は

Let's トライでスパイシ～♪♪♪

＊カルダモン

柑橘類のような爽やかな香りが特徴で、世界で最も古いスパイスの一つ。

南インドやスリランカの標高750～1500メートルの熱帯雨林地域に育つ。

サフラン、バニラに次ぐ3番目に高価なスパイスでもある。

紀元前1000年以上も昔からインドでは珍重されていたが、後にヨーロッパに持ち込まれることに。

古代ローマや古代ギリシャでは消臭剤や口臭消し、香水の原料としても珍重されていた。

サウジアラビアでは**カルダモン**を入れた**カルダモン**コーヒーがよく飲まれ、お客を招待する際の歓迎のシンボルとなっている。

消化促進、鼻炎、頭痛に効果的。駆風、興奮、鎮痙《ちんけい》作用があると言われる。

第5章

スパイスカレーの魅惑のレシピ

スパイスカレーの魅力

ここしばらくずっとマイブームが続いているのは、スパイスカレーの中でも南インド料理。というか、自宅で作って食べるカレーは最近、南インドのものばかりになっているんです。先日作った料理をざっと紹介すると定番の、豆と野菜のカレー〝サンバル〟、辛く酸っぱい胡椒スープともいえる〝ラッサム〟、エビにココナッツを絡めたドライ料理のエビのトーレンというラインナップ♪♪

我ながらめちゃめちゃ美味しく完成して、テンション上がりまくりなのです。

そんなプライベートではかなりの頻度で作って楽しんでいる南インド料理なのですが、まだまだ認知度は低いんですよね。

それでも東京はカレーマニアを中心に南インド料理ブームが長く続いており、お客がそれなりに入るということで、けっこうな数の南インド料理店がありますが、あくまでもマニアの中でのブーム（他の道府県はまだほとんどないのが現状）。

マニアではない一般的なカレー好きの方と話をすると、未だに知らない人が多く複雑な気持ちになってしまうのであります。ということで、スパイシーさんの原動力ともいえる南インドのスパイスカレーを次ページより紹介していきます。

押さえておきたい！　定番料理

まず紹介したいのは、不思議なテイストでクセになるラッサムという辛くて酸っぱいスープです。

胡椒スープと表現されるくらい、**胡椒**を入れるタイプのものが多いのですが（入れないものもあります）、大量のニンニクとタマリンド（酸味を付ける豆科の植物。南、東南アジア料理に使われます）の酸味、そこに少量の豆を入れ、**コリアンダー**や**胡椒**などのスパイスで調えた料理になります。

何が衝撃的か?? というと、もはや、カレーではないんですよね（笑）。

南インド料理未体験の方だと、今までカレーと呼んでいたものと、あまりにも味わいが違うので、思わず笑っちゃうかもしれないっすYO♪♪

で、この酸っぱ辛いスープが、不思議な旨さで、この美味しさを知っちゃうと体がピンポイントで欲してくるのであります!!

ラッサムの味のインパクトが衝撃的なので先に紹介しましたが、ラッサムよりも、もっと日常的に食べられている、南インドの代表的な料理でサンバルという豆と野菜のカレーがあります。

こちらは、日本の味噌汁と同じくらいの日常食で、朝に食べる軽食（イドゥリ、ワダ、ウプマ、ドーサなど）をはじめ、お昼ご飯、夕方の軽食時間、晩ご飯など、南インドで料理を食べる際には、かなりの頻度で登場するんですよね。

スパイシーさんもいろいろカレーを作りますが、レシピ開発ではなく純粋に自宅で自分用に作る時はサンバルとバスマティ米だけで楽しむことも多いような……って、それくらい美味しくて栄養満点のカレーなのです。

ラッサムほど酸味は強くありませんが、サンバルにもタマリンドによる酸味が加わっていまして、この酸味のアクセントは北インド料理にはない、大きな特徴と言えますね。

スパイスに関してはサンバル用の**サンバルパウダー**をそれぞれのお店や家庭で作るか、市販の**サンバルパウダー**というミックススパイスを使用。

豆も野菜も使う具だくさんカレーなので、慣れないと時間がかかってしまいますが、ハマると毎日食べたくなるカレーです。後ほどレシピも登場するので、これを機に作ってほしいなぁー。

定番の野菜カレーではクートゥと呼ばれる料理もあります。

これもサンバルに近い豆と野菜のカレーになりますが、サンバルと違うのはタマリンドなどの酸味付けはナシ。スパイスも**クミン**をはじめとするシンプルなものになります。

ココナッツミルクを入れたポタージュスープのような豆カレーをベースに、後で野菜類を合わせる料理になりますね。辛さはほとんどないかな。

ドライ料理も忘れてはいけませんね。インド料理にはグレービーが全くないドライ料理がたくさんあるのですが、南インドの野菜のドライ料理はトーレンやポリヤルと呼ばれます。料理としては似ていますが、ポリヤルは完全な炒め料理なのに対し、トーレンはさらに蒸らす工程が加わるのが特徴です。

少量の玉ねぎをベースに野菜を炒め、料理によっては削ったココナッツ（日本だと**ココナッツファイン**）を絡めて調理されることが多いですね。**マスタードシード**や**カレーリーフ**は使われるけど、スパイスはそんなに使われないものが多いかなー。

さらにはヨーグルトに**カレーリーフ**と**マスタードシード**の香ばしい香りを付けたモールと呼ばれるヨーグルト系の料理があったり、ヨーグルト×ココナッツのアヴィアルって料理があったり、コランブ（グレービーのある料理の総称）ってのがあったり……。

キリがないのでこの辺で。

あとはここに、インド式ピクルスのピックルやインド式チャツネのチャトニなんかが出て来て、出された料理を自分の好みのバランスで混ぜ混ぜして食べていく流れになります。

ノンベジタリアン（肉食可の方）にはもちろん肉カレーも加わりますね。

北インドの肉カレーと違うのはココナッツミルクを多用していたり、**シナモン**（**カシア**）を強めに使っていたり、**フェンネル**を多用するレシピがあったり、**ブラックペッパー**をたくさん使うカレーがあったり、使うスパイスもやはり北インドの肉カレーとは違うんですよね。

個人的な感想だと、北インドの肉カレーはバランス感が良いまとまったスパイス使いのものが多く、南インドの肉カレーはワイルドなスパイス使いのものが多い気がします。

これらのたくさんの種類のカレー（料理）が先述のミールス（南インドの定食）でセットになって登場するのですが、全ての料理を混ぜ合わせて、初めて真の美味しさを知ることができるのが南インド料理。

単品で食べてももちろん旨いのですが、グチャグチャ混ぜ混ぜして食べると本当に本当にめちゃくちゃ美味なのですＹＯ!!!

日本式カレーのように最初から全て混ぜ合わせても良いのでは？　と思ったりもしますが、香ばしさと酸味とスパイスのあの複雑な味わいは、手間暇かけて別々に作っているからこそ生まれるもの。まずはダマされたと思ってトライしてみてください。

ミールスはベジとノンベジの２種類があるところがほとんどですが、ベジは肉なしの菜食料理のみ。

ノンベジになるとチキンカレーやマトンカレーなんかが付くスタイルになります。

各種カレーを混ぜ合わせて楽しむスパイスの喜び！　ここを知っちゃうとカレーの価値観、スパイス料理の価値観がガラリと一変し、カレー人生が変わっちゃいますＹＯ!!!

未体験の方はこれを機に一歩踏み出し、次のカレーステージに突入してみましょう。

最もポピュラーな“サンバル”

さぁ、ここまで書いたからには南インドの激ウマ豆&野菜のカレー“サンバル”のレシピを載せないわけにはいかないでしょう。もちろん**ヒング**たっぷりのお気に入りのレシピ。

面倒ですが頑張った分の美味しさが待っているので、根気強く作ってみてください♪♪　美味しいサンバルを作って南インドの風を感じましょう!!!

サンバル

材料：5～6人前　**調理時間：約60分**

ムングダル　½カップ（上級者はトゥールダルを同量）
トマト（生）　小さめ1個（中だと⅔個くらいを小さめにカット）
玉ねぎ　中½個（みじん切り）
ニンジン、ナス　各中1本（小さめにカット）
オクラ　1パック（10本くらい）
タマリンド　大きなサクランボくらいの大きさ
タマリンド用の水　200cc
サラダ油　最初の調理用で大さじ2
　　　　　最後のテンパリング用で大さじ1
塩　小さじ1と½（あとは微調整）

～ホールスパイス～
フェネグリーク　小さじ½
クミン（シード）　小さじ½
タカノツメ　2本（半分にちぎる。種も使う）

～パウダースパイス～
コリアンダー　小さじ1

ターメリック　小さじ½
レッドペッパー　小さじ½
サンバルマサラ（市販品）　小さじ1

（最後のテンパリング用）※テンパリングは油で炒めることを意味します
マスタードシード　小さじ1
ヒング　小さじ½
カレーリーフ（冷凍）　約30枚（生がベスト。ドライなら不要）

水　ムングダルの煮込み用　600cc、煮込み用　400cc（タマリンド用の水も含めて合計1～1.2リットルがベスト）

作　り　方

① ムングダルを洗う。

② 600ccの水でムングダルをトロトロになるまで40分ほど煮込む。この時、途中でニンジン、ナスも入れて煮込むと後が楽。（個人的にクタクタになってるのが好きなためこう書いてます。最後のオクラを入れる前に入れて煮込んでもOK）

③ 別鍋に油をひき、ホールスパイスを中火で1分～1分半炒める。

④ **フェネグリーク**の色がほんのり茶色っぽく色付き始めてきたら玉ねぎを投入し4分炒める。
（**フェネグリーク**は絶対に焦がさないこと。自信がない場合は早めに玉ねぎを投入）

⑤ 小さめにカットしたトマトを入れ、水分がほどよく蒸発するまで4分炒める。

⑥ パウダースパイスを入れ2分ほど炒める。

⑦ トロトロになったムングダルを入れる。

⑧ 水でもどしたタマリンドを（10分は水に浸す）、手で揉みザルでこしながら入れる。（タマリンドの扱い方は158ページ参照）

⑨ 水をさらに400ccくらい入れる。

⑩ 別鍋に油をひきテンパリング用の**マスタードシード**を入れ炒める。**マスタードシード**が弾けてきたら**ヒング**を入れ、20秒くらい炒めたら**カレーリーフ**を入れ20 ～ 30秒炒め、油ごと⑨の鍋に入れる。

⑪ オクラを入れ5分ほど煮込んだら塩で味を調え完成!!

point

① ムングダルは煮込めば勝手にトロトロになってくれますが、吹きこぼれやすい豆なので、火加減には注意しましょう。面倒ですが本当はトゥールダルで作ったほうが美味しいです。トゥールダルを使う場合は必ず水に一晩浸してください。

② トゥールダルが柔らかくなったらマッシュして潰してトロトロにしていきましょう。（100円ショップのマッシュポテト用調理器具が便利）

③ ナスはクタクタ＆トロトロにするのがスパイシーさんの好みです。

④ この場合は食感というより、野菜の香りと煮詰めることで出る旨味をグレービーに溶かし込むことを目的として作っています。なので早く煮込んでます。

⑤ ナスのフレッシュな食感のほうが好きな方はオクラを入れる前に入れて煮込んでください。

⑥ ニンジンは早めに入れておいたほうが合理的だと思うなー。野菜カレーのトマトは、やはり生のほうが美味しいなぁ、と最近実感しています。トマト缶でも十分美味しいですが、肉カレーと比べると野菜カレーでトマト缶を使うと誤魔化しきれていないかな、と。

なんだか、かなり面倒なことになってきてますが（苦笑）、いろいろ作って慣れてくるとそれほど難しい料理ではありません。しかしハードルが高めのレシピではあるので、インド料理作りに慣れてからトライしてみましょう。

実は簡単！　定番“ラッサム”

サンバルのレシピを載せたので、ラッサムのレシピも紹介します。何度も書いてきましたが、一般的なカレーとはかけ離れた辛酸っぱいスープ、ラッサムは今までのカレー体験を覆す、つまり“カレー価値観”を変える強烈な魅力を持っているんです!!　これがあるだけで南インド料理の喜びがグッと広がるので、これを機になんとしてでも覚えましょう！

ラッサム

材料：4人前　　**調理時間：約50分**

ダル（トゥールかムング）　1/8カップ
ダル煮込み用の水　400cc（蒸発するので追加を忘れずに）
タマリンド　大きなサクランボくらいの大きさ
タマリンド用の水　200cc
ニンニク　4片（粗みじん切り）※1片は5gで計算
トマト　小1個（1センチ角にカット）　※カットトマト缶だと1/4缶
パクチー　3本　　水　200cc　　サラダ油　大さじ2
塩　小さじ1強（あとは微調整）

～ホールスパイス～
唐辛子　3本（半分に割って種も使う）
クミンシード　小さじ1/4
マスタードシード　小さじ1/2

～パウダースパイス～
コリアンダー　大さじ1
ブラックペッパー　小さじ1
ターメリック　小さじ1/8　　**レッドペッパー**　小さじ1/4

作り方

～下ごしらえ～

① まずはダルをゆでて、トゥールなら柔らかくなったらマッシュする。ムングなら40分程度でトロトロに。（蒸発した水分の追加を忘れずに）

② タマリンドは10分ほど分量の水に浸し、手でもんで軽く絞る。（絞り方は159ページ参照）

～調理～

① 下ごしらえしたダルの鍋にニンニク、トマト、パウダースパイスをそのまま投入する。

② 水200cc、下ごしらえしたタマリンド水をザルでこしながら入れる。

③ 別鍋に油をひき**クミン**と**唐辛子**を入れ、**クミン**がほんのり色付くまで1分半ほど弱火で炒める。そこに**マスタードシード**を加え弱火で炒め、**マスタードシード**が弾けてきたらダルの鍋に油ごと入れる。

④ 7～8分煮込み、パクチーを入れて2分煮込み塩で味を調えて完成。

文字で見ると難しそうですが、煮込んだ鍋に各種素材＆スパイスを入れて煮込むだけの簡単な料理です。

単品ではメインにはならないのが悲しいところですが、ラッサムは、メインのカレーの魅力を引き立ててくれる素晴らしき存在。

ラッサムを作って、自宅のカレータイムをさらに贅沢なものにしてみましょう。

※いろんな作り方がありますが、一番作りやすそうなレシピを載せてみました。ダルがない場合は省略して作ってもそれなりのラッサムテイストになります。

タマリンドを使いこなそう！

南インド料理と向き合うと、必ず使わなくてはいけなくなってくるのがタマリンドという酸味付け用の食材。

茶色いコールタールのような不思議な食材なのですが、最初はその扱いに困惑してしまう方も多かったりするんですよね。慣れないと扱いは難しいものの、上手に使うとフルーティーな酸味が料理の美味しさをグッと引き立ててくれる素晴らしき存在に!!

分量通り使ったのに、酸っぱくなりすぎて残念な仕上がりになってしまう……というのが多くの失敗例なのですが、ここでは初級者向けにわかりやすく使い方を解説していきたいと思います。

まず、これは経験的な話なのですが、売っているタマリンドの酸味はバラつきがあると思います。

なので、同じお店で買ってもすっごく酸味が強い時もあって、以前のバランスで使っても酸っぱくなってしまうことがあるんですよね。

そこで、スパイシーさんは必ず２００ccの水で絞って、一度、酸味具合を味見して、それから使うようにしています。

分量は、スパイシーさんレシピでは２００ccの水に大きめのサクランボの大きさのタマリンド×1、というバランスで統一しているので分量通りで。

では、絞り方です。

10～20分ほど水に浸した後、手でもむだけ、それだけなんです!!!

で、大事なのは、最初から思いっきり絞りすぎないこと。

まずは、軽く2～3回もみほぐしてみて、そこで味見をしてみましょう。

サンバルをはじめ、多くの場合はほんのり酸っぱい水に仕上がっていれば、それでOK。

ラッサムの時はもう少し酸っぱめの水に仕上がるくらい、強めに絞りましょう。

あとは、ザルでこして調理中の鍋に入れるだけです。

別メーカーのタマリンドを使う時や、買い替えた時も、しっかりと味見をすると失敗が少なくなりますYO♪♪

酸味が弱いなぁー、と感じた場合は絞りカスと少量の水で追加すればOK。

最初から強く絞るとリカバリーが難しいので、無難に酸味は弱めなところから調整するほうがよいと思いますね。

文字だけだと難しく感じてしまうかもしれませんが、慣れると自分の好きな絞り加減もすぐ見えてきます。まずは、トライしてみましょう。

あと、タマリンドを水に浸すのは、つい忘れがちになってしまう工程なので、下準備の作業の一番最初にしておくと忘れにくいし、下準備の時間でふやけてくれるので合理的ですね。

ちなみにタマリンドがどうしてもGETできない場合は、梅干しorチューブの練り梅で代用できます。梅干しはハチミツ入りの甘く酸味が弱いタイプが主流になりつつあるので、練り梅のほうが使いやすいかと。分量は200ccの水に対して小さじ1、ラッサムのみ小さじ1強になります。

＊タマリンド

熱帯地方で広く栽培されている常緑高木で、マメ科の植物。

スパイスとして利用するのは果実で半乾きのサヤをくっつけた、茶色と白のベトベトしたかたまりを利用する。

ほのかに甘い芳香とフルーツのような酸味が特徴。

南インドのラッサムやサンバル、タイのトムヤムクンなどの酸味の正体はこのタマリンド。

その強い酸味から、南アジア、東南アジア料理の酸味付けとして広く使われる。

緩効性の下剤になり、インドでは赤痢など腸の病気の薬に処方されている。

ビタミンに富み、肝臓や腎臓にもいいとされている。

ホールスパイスのミルの仕方

ここからは上級者向けのレシピをアップしていこうと思いますが、上級者向けになると少し工程が増えるのでその解説を。

まずはホールスパイスのミルの仕方です。

なんてことはない、ただミル機能の付いたフードプロセッサーでウィーン、と回すだけなのですが、ちょっとした工程があるので、丁寧にこれも書いておこうかと。

何をするかと言うと、最初に乾煎《からい》りという工程が待っているのです。

これをすることにより、香りをより一層引き立たせることができるんですね!!

スパイシーさんはだいたい中火で1分半くらい乾煎りすることが多いですね。

フェネグリークの項でも書きましたが、**フェネグリーク**というスパイスは乾煎りで失敗すると苦くなってしまうので、**フェネグリーク**があるレシピの時は**フェネグリーク**のみ、個別で乾煎りすると失敗が少なくなると思います（**フェネグリーク**はほんのり色づく程度がベスト）。

乾煎りで一番気をつけなくてはいけないのは、焦がさないこと。

自信がない場合は、早めに取り出すと良いですね。ベストな乾煎りと弱めの乾煎りとでは香りの強さはどれくらい違うのか？　というと、実際はそれほど変わらない気がします。弱めの乾煎りでも、何もしないより明らかに香りが立つので、省略せずにしっかり作業してください。

乾煎りした後は皿に移すなどして粗熱をとり、ある程度冷めた状態でパウダーにしましょう。

テンパリングの仕方

サンバルあたりから、テンパリングというワードが出てきていますが、ここで改めて解説すると、テンパリングというのは、油で炒める工程になります。

インド料理は鍋やフライパンで作りますが、終盤に別の鍋に油をひき、そこでホールスパイスを炒め、油ごと料理に入れる手法がけっこう一般的なんですよね（特に南インド料理）。スープっぽいものにアツアツの油を入れるので、ジュワッ!! となってしまいますが、それが当たり前の調理方法なので面白いです。

難しく考える必要はなく、いつものカレー作りでホールスパイスを炒める工程をそのままやれば良いだけなのですが、気をつけるポイントを挙げると**マスタードシード**と**カレーリーフ**の時ですかね。

マスタードシードは必ずパチパチ弾けるまで加熱すること。そうしないとせっかくの香ばしさが出てきません。

あと、**カレーリーフ**の場合、特に冷凍を使う場合は、冷凍されてる葉をお皿に並べるなどして、解凍して葉が乾燥するくらいの段階まで持っていきたいですね。そうすると冷凍でもかなり良い香りを引き出せます。

また、油で炒めすぎると冷凍は香りがすぐ飛ぶので、油で炒めて香ばしい香りがフワッと香ってきたら投入すると良いです。スパイシーさんは10秒くらい炒めすぐ入れてます。冷凍カレーリーフは開封後1週間以内で使い切りたいです。それ以降は香りが激減するので注意。

ちなみに冷凍カレーリーフは南洋元という会社から通販できるのでぜひ。アメ横の野澤屋も南洋元のものを販売しています。

http://www.nanyang.co.jp/product/99

＊マスタード

原産は、南ヨーロッパや地中海沿岸、中央アジアなど、広範囲にわたるアブラナ科の一年草。ホールの状態ではそれほど辛味はないが、粉末にして温湯で練ることで特有の香りと鼻にくる辛味を発する。

西洋では種を乳鉢ですって酢やハチミツなどでのばしたブレンドマスタードとして古くから家庭で使われてきた。アメリカンマスタード、イングリッシュマスタード、ジャーマンマスタードなど、今もさまざまなブレンドマスタードがその土地で親しまれている。

カレーに使われるのは和がらしと同じブラウンマスタードだが、イギリスではホワイトマスタード、ドイツではブラックマスタードという別種。インド料理では、辛味ではなく加熱した油に通すことで広がる香ばしい香りを料理に多用する。

関節炎やリュウマチに、マスタードを練り込んだ湿布をして治療する方法が昔から知られている。

＊カレーリーフ

ヒマラヤ山麓、南インド及びスリランカに原生する木の葉。

南インドでは、多くの家庭で自家栽培し料理に使用する。

常緑の低木または高木で、生長すると高さ4〜6メートル、幹は直径40センチほどになる。

乾燥したものもあるが、おもに生の葉を使う。

スリランカではカラピンチャと呼ばれ、料理には欠かせない。

生のままだとカレーと柑橘類を足したような特有の香りがするが、加熱した油に通すと香ばしい香りが広がる。

タミル・ナードゥ州の名物チキンカレー

さぁ、ここからノンベジカレーの中級・上級編！

簡単なスパイスカレーも良いですが、感動を生むにはそれなりに面倒な作業が必要になってくるものです。

そろそろマニアックに作り込むレシピにも挑戦してもらいたいところなので、まずは南インド、タミル・ナードゥ州の名物チキンカレー、チェティナード・チキンカレーからトライしてみましょう。

フェンネルの香りが軸となったエッジの立った香りはクセになること間違いなし!!

極上のアロマが広がるチキンカレーを召し上がれ♪♪♪

チェティーナード・チキンカレー

材料：4～5人前　**調理時間：約30分**

鶏もも肉　750 ～ 900g（3枚ってことです。一口大にカット）
玉ねぎ　中1個（みじん切り）
カットトマト缶　½缶（生なら中1個を1センチ角にカット）
青唐辛子　3本（小口切り）
ニンニク　3片（すりおろし）　※1片は5gで計算
ショウガ　ニンニクと同量（すりおろし）
サラダ油　大さじ4
塩　小さじ1強（あとは微調整）
水　200cc

〜ホールスパイス〜
コリアンダーシード　小さじ4
フェンネル　小さじ2
ブラックペッパー　小さじ2
ポピーシード　小さじ4
クローブ　4個
グリーンカルダモン　2個
ベイリーフ　2枚
シナモン（カシア）　2片（1片は2.5センチ）　※**シナモン（カシア）**の量の目安は120ページを参照

〜パウダースパイス〜
ターメリック　小さじ½
レッドペッパー　小さじ1

作り方

① まずは、ホールスパイスを軽くフライパンで乾煎りして粗熱が取れたら、フードプロセッサーやミルサーで"ミル"してパウダースパイスにします。

② 鍋に油をひき、玉ねぎがアメ色になるまで15分ほど炒めます。

③ 青唐辛子＆ニンニク＆ショウガを入れ2分ほど炒めます。

④ カットトマト缶を入れ、これまた2分ほど炒めていきます。

⑤ パウダースパイスと事前にミルしたスパイス、つまりスパイス類を全て入れて炒めていきます。

⑥ 2分ほど炒めたところで鶏肉を入れ表面の色が変わるくらいまで炒めていきます。

⑦ 水を加え沸騰したら塩で味を調え、中火〜弱火で7〜8分ほど煮込めばあっという間に完成ですYO!!!

フェンネルと**カシア**の香りが際立ったテンションが上がる極上の香り!!!!!
インド料理店顔負けのプロの味に仕上がるので、スパイスに興味がある方は挑戦してみてくださーい。

～フェンネル～


地中海沿岸に野生するセリ科の多年草本だが現在は世界中で栽培されている。

見た目は**クミン**に似ているが香りは全くの別物。ホールの状態とパウダーにしたものでは香りの印象が違う。

甘く爽やかな香りから口中清涼剤としても使われ、日本のインド料理店でもカラフルな砂糖でコーティングされたものがレジの横に置いてある場合が多い。

フェンネルは中国を経て日本へ渡って以来、昔からよく知られている植物で、和名はウイキョウ（茴香）という。

精油には健胃、駆風、去痰作用があるとされる。またフェンネルの種子は古くから和漢薬として用いられてきた。嘔吐、腹痛などにも処方される。

エキゾチックな香り！ 南国の逸品

第３章でベーシックなココナッツカレーを２つ紹介しましたが、ココナッツチキンカレー三部作の完結編はシナモン（カシア）×クローブ×カルダモンが力強く香る南国テイスト溢れる絶品カレー。ココナッツミルクという白いキャンバスで躍動する鮮烈なスパイスの香りたちは“エキゾチック”という言葉がピッタリ!! 自宅で南国気分を思いっきり満喫しちゃいましょう。

ケララ・チキンカレー

材料：４人前　**調理時間：約30分**

鶏もも肉　750 ～ 900g（3枚ってことです。1口大にカット）
玉ねぎ　中1個
ニンニク　3片（すりおろし）※1片は5gで計算
ショウガ　ニンニクと同量（すりおろし）
ココナッツミルク　1カップ（200cc）
ヨーグルト　½カップ（100g）
サラダ油　大さじ４（ココナッツオイルがあれば、ぜひそちらを）
塩　小さじ1強
赤唐辛子　３本
ベイリーフ　３枚
カレーリーフ（冷凍）　30枚（生がベスト。ドライは不要。省略可）

～ホールスパイス～
クローブ　10個
カルダモン　8個
シナモン（**カシア**）　3片（1片は2.5センチ）※カシアで作ったほうが香りがワイルドになり美味しいです。量の目安は120ページ参照

〜パウダースパイス〜
コリアンダー　大さじ1と½
ターメリック　小さじ1
カイエンペッパー　小さじ1強

作り方

① **クローブ**、**カルダモン**、**シナモン**（**カシア**）を乾煎りし、ミルサーなどでパウダー状にしていきます。

② 鍋に油をひき、玉ねぎ、**ベイリーフ**、**赤唐辛子**を一緒に炒め、アメ色になるまで中火〜強火で15分くらい炒めていきましょう。

③ 玉ねぎがアメ色になったところでニンニク＆ショウガを投入、2分ほど炒めます。

④ パウダースパイス、ミルしたスパイス、つまりスパイス類を全て入れて2分炒めます。※いつもは、ここでトマトを入れる工程があるのですが、このレシピはトマトは使わないレシピです。記載ミスではないのでご安心を（笑）

⑤ 鶏肉を入れ表面の色が変わるぐらいまで火を通していきましょう。

⑥ ココナッツミルク、ヨーグルトを入れて煮込んでいきます。

⑦ 沸騰してから数分したところで**カレーリーフ**を持っている人は別鍋で**カレーリーフ**を10秒ほど炒め、良い香りがフワッと出てきたところで油ごとカレーの鍋に入れます。

⑧ 7〜8分煮込み塩で味を調えれば、めっちゃ美味しいケララ・チキンカレーの完成です!!!

ケララ州の絶品肉カレー

豚肉が放つ超絶的な旨みを香り高いスパイスたちと楽しむことができる極上のポークカレーですYO♪♪

インドは豚肉がご法度な場合が多いですが、ケララ州はキリスト教徒が多いのでいろんな肉カレーのレシピが存在します。

煮込み時間も長くさらに面倒になってしまいますが（苦笑）、テンション上がること間違いなしの自信作です!!

ケララ・ポークカレー

材料：4～5人前　**調理時間：約90分**

豚肩肉　700 ～ 800g（角切り）
ニンニク　4片（すりおろし）　※1片は5gで計算
ショウガ　ニンニクと同量（すりおろし）
玉ねぎ　中2個（薄切り）
カットトマト缶　½缶　（生なら中1個を1センチ角にカット）
カレーリーフ（冷凍）　約30枚（生がベスト。ドライは不要。省略可）
白ワインビネガー　小さじ2
しょうゆ　小さじ2
固形スープの素　½個（省略可）
サラダ油　大さじ4　**カレーリーフ**のテンパリング用で大さじ1
塩　小さじ1　　水　300cc

～ホールスパイス～
ブラックペッパー　大さじ1
クローブ　5個
シナモン（カシア）　2.5センチを2片　※シナモン（カシア）の量の目安は120ページ参照
カルダモン　1個　　**クミンシード**　小さじ½

〜パウダースパイス〜
パプリカパウダー　大さじ2
コリアンダーパウダー　大さじ3
ターメリック　小さじ1
レッドペッパー　小さじ1弱

作り方

〜下ごしらえ〜

① ニンニク&ショウガと**ターメリック**を豚肉にもみ込み、3時間ほど冷蔵庫で寝かせます。

② ホールスパイスを弱火で1〜2分乾煎りして粗熱を取り、ミルサーでパウダー状にします。

〜調理〜

① まずは、鍋に油を熱し玉ねぎがアメ色になるまで15分炒めます。

② カットトマト缶を入れて5分炒めます。

③ スパイスの半分を入れ2分炒めます。(残り半分はとっておきます)

④ 寝かせておいた豚肉を入れて、表面の色が変わるまで炒めていきます。

⑤ 水、しょうゆ、スープの素、ビネガーを入れて1時間〜1時間半ほど煮込みます。
(水分が蒸発するので減った水分は追加して補いましょう)

⑥ 肉が柔らかくなり臭みも取れていたら残りのスパイス、別のフライパンで10秒ほどテンパリングした**カレーリーフ**、塩を入れて味を調え10分ほど煮込んで完成でーす!!!

point

① 肉が硬いんです。どうしてですか？　との質問を受けることが多いですが、多くの場合は煮込み時間が足りないのが原因です。２時間煮込んでも硬い場合は３時間。それでもダメな場合は４時間……、どの種類の肉も、どの部位でも時間をかけると必ず柔らかくなります。

② 最初の豚肉にニンニク＆ショウガをもみ込み寝かせる工程は省略可です。その分煮込み時間は長めになってしまいます。

③ 出来上がったあと一晩寝かせると、まとまってより美味しくなります。

アクセントでビネガーも使っているのでポークビンダルー的なレシピっぽいですが、着地点が違うので驚き!!
豚肉の旨味と**ブラックペッパー**たっぷりのスパイス感がたまらない、肉カレーの醍醐味がたっぷりと詰まった一皿になります。マジでめちゃくちゃ美味しいので、これを機にこういったマニアックな作り方にもトライしてみてくださーい。

極上のシーフードカレー

エビ好きのエビ好きによるエビ好きのための香り高きエビカレーのレシピも大公開!! ケララやタミル、アーンドラというネーミングをあえて入れていないのは、上記のシーフードカレーの作り方がベースになっていますが、より美味しくするためにシーフードでは使わないスパイス類も入れているから。食べるとわかりますが、美味しさのあまり笑顔が止まらなくなりますＹＯ（笑）♪♪

南インド風エビカレー

材料：４人前　**調理時間：約25分**

ブラックタイガー　16尾程度（中サイズ）
玉ねぎ　中1個
トマト缶　½缶（生なら中1個を1センチ角にカット）
ニンニク　3片（すりおろし）　※1片は5gで計算
ショウガ　ニンニクと同量（すりおろし）
水　100cc
ココナッツミルク　200cc
サラダ油　大さじ4
塩　小さじ1強　　エビの殻用の水　100cc
カレーリーフ（冷凍）　30枚（生がベスト。ドライは不要。省略可）

～ホールスパイス～
フェネグリーク　小さじ1
マスタードシード　小さじ1
シナモンスティック　½本　**カシア**なら2.5センチ片を1つ　**※シナモン（カシア）**の量の目安は120ページ参照

クローブ　2個
カルダモン　2個
ベイリーフ　2枚
赤唐辛子　3本

～パウダースパイス～
コリアンダー　大さじ1
クミン　大さじ½
ターメリック　小さじ1
レッドペッパー　小さじ½～1（辛さは好みで）

作り方

① まずは、下準備でブラックタイガーの殻をむき、その殻を捨てずに乾煎りして（殻が完全にドライになるまで）、殻用の水と一緒にフードプロセッサーにかけ、エビ殻水を作っておきましょう。

② 鍋に油をひき、**フェネグリーク**以外のホールスパイスを炒めます。

③ **マスタードシード**が弾けてきたら、**フェネグリーク**を入れ、**フェネグリーク**がほんのり色付いたら玉ねぎを投入。

④ 玉ねぎがアメ色になるまで10～15分ほど炒めましょう。

⑤ 途中でニンニク&ショウガを入れるのを忘れずに。

⑥ 玉ねぎがアメ色になったらトマト缶を入れます。

⑦ 2分炒めたらパウダースパイスを入れて炒めていきましょう！

⑧ ココナッツミルクと水、あらかじめ作っておいたエビ殻水を入れて煮込みます。

⑨ 途中、塩を入れ味を調え、沸騰後5分煮込みます。

⑩ **カレーリーフ**を別鍋で10秒テンパリングし、油ごと投入。

⑪ ブラックタイガーを入れ、2分ほど煮込めばあっという間に南インド風エビカレーの完成だYO!!

point

① エビの殻を砕いて使う方法はインド式ではありません。ですが、こっちのほうが断然旨いです。ただ、フードプロセッサーによっては、殻がキレイに細かくならず、ざらついた形で残ってしまう場合もあります。その際はエビ殻水をガーゼなどでこしてエビの香ばしさ&旨味成分だけ抽出して使ってください（愛用のマジックブレットは完璧に砕いてくれます）。

② また、エビ殻水作りが面倒な場合は、むいた殻を玉ねぎと一緒に炒めて最後まで殻を入れたまま作り、盛り付けで殻を取り除くと、それなりに香ばしいエビの風味が楽しめます。

ミールスが華やぐ野菜のカレー

ノンベジカレーのレシピをいろいろアップしましたが、ベジレシピも覚えておくと自宅ミールスが豪華になるのでオススメ。

まずはポリヤルの中でも作りやすいキャベツのポリヤルからはじめてみましょう。

おなじみのキャベツをココナッツと絡めて炒めるだけであっという間に南国的おかずに大変身なのですYO♪♪

キャベツのポリヤル

材料：4～5人前　**調理時間：15分**

マスタードシード　小さじ½
赤唐辛子　1本（半分にちぎる。種も入れる）
青唐辛子　1本（小口切り）
ショウガ　5g（みじん切り）
キャベツ　200～250g（中¼個ぐらい。1センチ幅に切った後ざく切りにする）
玉ねぎ　中¼個（みじん切り）
ココナッツファイン　30g
サラダ油　大さじ2
塩　小さじ½

作り方

① 鍋に油をひき、**マスタードシード**と**赤唐辛子**、**青唐辛子**を入れ**マスタードシード**が弾けるまで炒める。

② 玉ねぎを入れて透き通るくらいまで炒め、キャベツを入れ、半量の塩を加えて中火で炒める。

③ キャベツがしんなりしてきたら、弱火にしてショウガと**ココナッツファイン**を入れ、あえるように炒める。

④ 残りの塩で味を調えれば完成。

point

① 炒め終わったあと、火を止めフタをして数分おくと、香りがなじんで美味しくなります。

② 味がしょっぱくなった場合は**ココナッツファイン**を追加すると調整しやすいです。

③ ウラドダルを入れるとより香ばしくなり美味しいです。色づくまで炒めてから**マスタードシード**を入れ、あとは一緒です。

④ キャベツだけでなく、たとえばカボチャやジャガイモなどでもOK。**ココナッツファイン**を絡める料理は、この作り方である程度応用できます。

⑤ **ココナッツファイン**の量は好みです。
多くしたり、少なくしたり、好みのバランスを見つけてみてください。

南国スタイルの豆カレー

豆カレーのレパートリーがあると、ミールスがさらに贅沢なものに♪♪　一番使いやすいムングダルを使った簡単な豆カレーの作り方も紹介してみましょう。ムングダルのマイルドな風味は、ベジ、ノンベジともにどんなカレーとも相性抜群。

混ぜ混ぜの喜びを増幅させるとっても使える一品なんですよねぇー。材料もシンプルなので勢いで作ってみてください♪♪

ココナッツダル

材料：4人前　**調理時間：70分**

ムングダル（ひき割タイプ）　⅔カップ
玉ねぎ　中½個（みじん切り）
トマト　中½個（1センチ角にカット）
ニンニク　2片（すりおろす）※1片は5gで計算
ショウガ　小さじ1（みじん切り）
水　ムングダル煮込み用　500cc
水　最後の煮込み用　200～300cc（好みの粘度に合わせ調整）
ココナッツミルク　200cc
サラダ油　大さじ2
塩　小さじ1程度（あとは微調整）
カレーリーフ（冷凍）　30枚程度

～ホールスパイス～
クミンシード　小さじ½
マスタードシード　小さじ½
赤唐辛子　2本（半分にちぎって種も使う）

～パウダースパイス～
ターメリックパウダー　小さじ½

作り方

～下ごしらえ～

① まずムングダルを軽く洗います。

② 鍋に水を入れ沸騰。ムング豆を入れて40分ほど煮込みます。
（煮込むだけでトロトロのグレービー状になります）
※吹きこぼれやすい豆です。沸騰後は弱火で。焦げ付きにも注意してください

～調理～

① 別鍋に油をひき、**クミンシード**、**マスタードシード**、**赤唐辛子**を入れ、**マスタードシード**がパチパチ弾けるまで炒めます。

② パチパチ弾けてきたら玉ねぎを入れ10分ほど炒めます。

③ すりおろしたニンニクを入れ２分炒めます。

④ トマト、ショウガを入れて５分炒めます。

⑤ **ターメリック**を入れ２分炒めます。

⑥ トロトロになったムングダルをそのまま投入。

⑦ ココナッツミルク、水を入れます（水でグレービーの粘度を調整）。

⑧ 別のフライパンで10秒ほどテンパリングした**カレーリーフ**を入れる。

⑨ 10分ほど煮込み塩で味を調え完成！！

point

① ココナッツミルクを入れず、水だけで仕上げてもOKです（その際はココナッツミルク分の水を追加）。ココナッツ系の料理が多くなったら、

あえてココナッツなしで仕上げると料理にメリハリが出てミールスがさらに美味しく楽しめます。

② 仕上がったココナッツダルに野菜を後入れすると簡易版クートゥにもなるので、いろいろアレンジしてみましょう。

③ インド料理で使う特殊な豆もスパイスショップで購入できます。先述の大津屋、野澤屋、アンビカの通販サイトでもGET出来るのでぜひ。

第6章

同じカレーでも北インドと南インドではこんなに違う！

ムガル料理とパンジャーブ料理

北インド料理のお話も少しお伝えしようと思います。

日本の北インド料理店で食べられる料理は、大きく分けると2つの料理で構成されています。

まず1つ目がムガル宮廷料理です。

インド料理好きならムガル料理という言葉を聞いたことがあると思いますが、16~18世紀にインドの多くを支配していた巨大なトルコ系イスラム王朝、ムガル帝国（朝）で発展した宮廷料理のこと（ムガル帝国は19世紀に滅亡）。

ナッツをふんだんに使ったカレーや、生クリームを使ったリッチなカレーが多いのが特徴になりますね。

めちゃくちゃ柔らかい肉料理のシャミカバブ、キーママター（挽肉と豆のドライカレー）、ムグライ・ムルグ・ビリヤニ（ムガル式チキンビリヤニ）、ナブラタンコルマ（9種類の野菜&ナッツ入りベジカレー）などが挙げられます。

もう1つがパキスタンにまたがるインド北部のパンジャーブ地方のパンジャーブ料理。

多くの日本人が大好きなバターチキンカレー、インド式天ぷらのパコラ、タンドリーチキンや発酵パンのナンなどのタンドール窯を使った焼き物料理もこの地方が発祥とされています。

あとドライ系ベジ料理の定番のアルゴビ（ジャガイモとカリフラワーのスパイス炒め）やほうれん草ペーストとカッテージチーズのカレー、パラクパニールもパンジャーブ料理なんですよね。

まとめると一部、マニアックな料理にムガル料理があって、大多数はパンジャーブ地方の料理ってことになるわけです。

さて、ナン&カレーのお店が街中に溢れすぎてしまったため、普通にオーダーしてもなかなか感動を味わえなくなってしまった人も、この本を読んでいる人の中には多いような気が……。

せっかくなので、北インド料理店だからこそ食べてもらいたいオススメメニューを。

まずは焼きナスを細かくくだきペースト状にした料理、ベイガンバルタ。

作るとわかるのですが、焼きナスの皮をはいで細かく細かく包丁でカットして（叩いて）、玉ねぎ類と合わせるめっちゃ面倒な料理なんですよね。

が、しかし、少量のスパイスとトロットロのナスで作られたペーストをインド式パンで食べる喜びは格別♪♪♪

スパイスを少量しか使わない料理なので、インド料理店としては新鮮な食体験が楽しめると思います。

続いてドライ系肉カレーのジャルフレジ。

インド料理というとスパイスたっぷりのグレービーが特徴で、そのグレービーを私たちはカレーと呼ぶわけですが、北インド料理にもドライ系肉料理はしっかりとあって、よく見るのがチキンジャルフレジなどのメニューになります（名前が違っているお店もたくさんありますが……）。

グレービーで楽しむカレーも良いですが、ドライ料理をチャパティやナンで包んで食べるのもなかなか乙なもの。大人数で行く際は一つはドライ系を攻めてみたいところですね。

そしてイチオシメニューがダルマッカニー。バターチキンの豆版といったカレーで3種類の豆、少なくとも2種類の豆を使い、生クリームとバターをふんだんに使ったコクのある豆カレーになります。

豆カレーって食べ慣れてないと地味なイメージしかありませんが、チャパティなどの素朴なパン類と食べるダルマッカニーはたまらない美味しさ!!!

バター風味の強さはお店にもよりますが、コクがたっぷりの豆カレーの喜びを知ると、北インド料理の奥深さがわかってきますYO!!!

タンドリーチキンやバターチキンカレーなどのインパクトの強いメニューと並ぶとパンチが弱くなってしまいますが、一人で食べ歩きをされている方にはディナータイムの選択肢としてオススメですね。

スパイシーさんも他のカレーマニアさんたち同様、一般的すぎる北インド料理とは一時期距離を置いていたりしたので目下勉強中。

最近は一巡して北インド料理にもめちゃめちゃ興味が出てきて食べ歩いていますが、新しい発見も多いんですよね!!

ってことで、しばらく北インド料理と向き合っていないマニアな皆さんも、たまには対峙してみると面白いです。

特に有名店には底力を感じさせてくれる料理がたくさんあるので、いろいろトライしてみましょう。

肉＆スパイスの強力な美味さ！〝ビンダルー〟

北インド料理つながりでもう一つ。

東京・品川《しながわ》に「デヴィインディア」という北インド料理店があります。デヴィグループ（品川には3店舗、六本木《ろっぽんぎ》一丁目に支店があるインド人経営のガチンコ北インド料理店）のお店はそれなりに行ったことはありますが、先日、まだ食べたことがなかったチキンビンダルーを初オーダーしました。

実は北インド料理店のビンダルーって食べたことがなかったのですが、今まで食べてきた南部のビンダルーとは違っていて、北インドのカレーらしい感じに仕上がっていて新鮮！　ほんのり酸味のある激辛系チキンカレーって感じで、これはこれでとっても美味しかったですね。ま、デヴィのカレーは全部美味しいんですけどね♪♪

さて、ビンダルー、ビンダルーって書いていますが、一部カレーマニアにしか浸透していないので多くの人が「??」だと思います。

イギリスじゃ、かなり市民権を得ているカレーなので日本でももっと流行るポテンシャルはあるはず！　ってことで、多くの人に広めるべく書いてみようかと思います。

ビンダルー。

ざっくりと言うと、辛くて酸っぱくてニンニクとビネガーがいっぱい入っていて、インドでは珍しい豚肉が具材のカレーになります。

デヴィではチキンビンダルーですが、ポークビンダルーのほうが有名なんですよね。

このビンダルーの生誕地はインドのゴア州。インドはイギリス領のイメージがありますが、ゴアはずっとポルトガル領。

しかも１５１０年からインドがイギリスから独立した１９４７年の後の１９６１年までずーっとポルトガル領。

つまり、ゴアの土地の料理はものすごくポルトガル料理の影響を受けているんですよね。

そもそもビンダルーという言葉も、ポルトガル語のVinha de alhosという言葉がなまってできたようで（Vinha＝ワインまたはワインビネガー、alhos＝ガーリック）、料理自体のルーツもポルトガル料理のCarne de vinha e alhos（肉のワインビネガーとニンニク煮込み）と言われています。

もともとビネガーとニンニクがたくさん入る料理だったので変わらずたっぷりと入れられ、さらにポルトガル領だったためキリスト教徒が多くなり、宗教的にＮＧではないので豚肉で作られ続けていったのかと。

実際レシピとしても、とてもヘンテコな感じなのですが、これが旨い!!　実に旨い!!　実に実に旨いのであります!!

ヘンテコなバランスの中にありながらも長い歴史の中でも淘汰されなかっただけあって、肉とスパイスが好きな人を強く惹きつける、ものすごいパワーを持ったカレーなんですよね!!!

ちなみに偉そうに書いてますが、スパイシーさんはゴアに行ったことがないので（笑）、本場のゴアのビンダルーがどんな味なのか？　はイマイチよくわかってません。

スパイシーさんが大好きな南インド料理店、エリックサウスのイナダさん（エリックサウスを立ち上げた方）がネットにインドで見つけたレシピ本のレシピをアップしていて、それをもとに作ったら、マジでめちゃめちゃ感動して、その後エリックサウスに行ったら、レシピ公開していたビンダルーに近い味で、さらに研ぎ澄まされていて、さらに感動して大好きになっていきまして……。

イナダさんはインドで食べたビンダルーよりも美味しいんじゃないか!!　とまで書いていたのですが、スパイシーさんもイナダさんのレシピをもとに自分で作ったものとエリックサウスのポークビンダルーを超える美味しさのビンダルーに未だ出会ったことがありません。

あと、この項の冒頭にデヴィのビンダルーのことを書きましたが、北インド料理店にあるビンダルーはゴア料理特有の変わった風味が感じられず、辛さが強めのスパイシーなカレーという印象が強いですね。

ゴア特有の変わった風味のビンダルーが食べたい方は、南インド料理を得意とするお店に行かれることをオススメします。エリックサウスなら間違いないですYO！

ゴア料理はポークビンダルー以外にもビネガーを多用してまして、肉料理に寛容なのでモツ料理なんかもありまして、調べれば調べるほど気になる料理ばかりなんですよね。

ゴア、いつか行ってみたいなー。

今のところ次にインドに行く際の第一候補になっています。

ゴア州の名物カレー

インド・ゴア州の名物カレー「ビンダルー」。

あそこまでたっぷり書いたらこの本を読んでいるカレーを愛する皆さんなら作ってみたくなりますよね!!

スパイスをローストしマサラを作ってから調理する、現地スタイルのほうがもちろん美味しいですが、多くの方に試してもらいたいので、ここでは市販のパウダースパイスのみで作れる比較的簡単なレシピをお届けしようかと。

もちろんバランスをいろいろと試した結果、完成させたパウダーのみとは思えない、めちゃウマなビンダルーです!!

あえて作りやすいチキンでのレシピでまとめていますが、豚肉に替えてポークビンダルーとしても楽しめるかなり使えるレシピですＹＯ!!

さぁ、スパイスを揃えて、美味しいビンダルーを作ってみましょう。

チキンビンダルー

材料：４人前　**調理時間：約30分**

鶏もも　500g（一口大にカット）
玉ねぎ　中1個（みじん切り）
カットトマト缶　½缶
ニンニク　4片（すりおろし）　※1片は5gで計算
ショウガ　ニンニクと同量（すりおろし）
赤ワインビネガー　大さじ2と½
水　200cc
塩　小さじ1と½（あとは調整）
砂糖　小さじ1　　サラダ油　大さじ4

～パウダースパイス～
ターメリック　小さじ1
カルダモン　小さじ1
シナモン　小さじ2
クローブ　小さじ1
コリアンダー　小さじ1
クミン　小さじ1
パプリカ　小さじ1
カイエンペッパー　小さじ⅔
ブラックペッパー　小さじ⅔

作り方

① ホールスパイスを使わないで調理するので、まずは鍋に油を熱し、玉ねぎを15分ほど炒めアメ色にしていきます。

② ニンニク＆ショウガを入れ２分炒めます。

③ カットトマト缶を入れて２分炒めます。

④ スパイスを入れ２分炒めましょう。

⑤ 鶏肉、ワインビネガーを入れ表面の色が変わるくらいまで炒めていきます。

⑥ 砂糖と水を入れて7～８分煮込みます。

⑦ 最後に塩を入れて味を調えれば、あっという間にチキンビンダルーの完成ですYO!!

point

① ビンダルーのレシピはいろいろあって、たとえばスパイシーさん的にはものすごく大事な“**シナモン**”が入っていなかったり、ビネガー

が白ワインビネガーじゃなければダメだ！　とか、ココナッツビネガーじゃないとビンダルーじゃない！　とか、人によって作り方がけっこう違う料理です。

② お店によっても、えっ？　これビンダルー？　物足りないなぁ……と思うビンダルーがあったりしますが、このレシピはあくまでも、スパイシーさんが美味しいと思ったビンダルーに自分なりに近づけたレシピです。ビンダルーの味の一つだと思ってください。

チキンなのでポークビンダルーの豚の脂＆旨みの濃厚なテイストよりもややライトな味わいになりますが、ワインビネガーの風味と酸味に**クローブ**と**シナモン**がメインの香りが絶妙に絡み合う、ビンダルーならではのオンリーワンな味わい♪♪♪

パウダースパイスだけで作ったのにマジで超ウマなのですＹＯ!!!

繰り返しますが、豚肉で作っても激ウマなポークビンダルーを作ることができます。

その際は、豚肉を調理する前にニンニク＆ショウガのペースト、そしてスパイスの半分を肉にもみ込んで２～３時間寝かせて、あとは同じ調理工程で作ることができます。

煮込み時間は１時間半くらいが目安。

やはりビンダルーは豚肉のほうが美味しい料理なので、チキンにトライした後はぜひポーク版にも挑戦してみてくださーい。

インドのパンの話

ここではインドのパンの話をしていきます。インド料理といえば、ナンとカレーというイメージがまだまだ強いですが、ナン好きな方にもトライして欲しいのがチャパティ。

ナンとはどう違うのか⁇　と思ってる人もいると思うので、ここで改めて説明します。

チャパティはインドの無発酵の薄焼きパン。主に北インドなどのパン食文化のエリアで日常的に食べられている素朴なパンになります。

えっ、インド人はナンを食べてないの？　と突っ込みを入れた皆さん。イエッス！　その通りなのです。

ナン&カレーのお店に行くと大きな窯（タンドール窯）があって、そこにナンの生地をくっつけて焼いているのを見たことがあると思いますが、ナンというパンはあの大きな窯がなければ焼けないので、インドでもレストランに行かないと食べることができないんですね。

要するにナンは贅沢なレストランで食べるご馳走パン。皆さんがインド料理店で食べているナンはインドでは、実はそんなに食べられていないパンだったのであります。

ナンはあくまでもインドのパンの一種。インドにはたくさんの種類のパンがありまして、パン類の美味しさを知るとさらにインド料理の奥深さが見えてくるんですよね!!

せっかくなのでざっと紹介すると、薄焼きパンのチャパティ（薄焼きパンの総称のロティと呼ばれる場合も）、揚げパンのバトゥーラ、パンに野菜類を挟んで焼いたクルチャ、チャパティを何層かに折り畳んだパロタ、チャパティを揚げたプーリー、薄くてハンカチのように折り畳んだロマーリロティってのがあったり、かなりの種類のパンが食べられているのです。

南インドは米が主食ですがパン類ももちろん食べられています。

興味深いのはチャパティよりもパロタという渦巻き状の薄焼きパンがよく食べられていること。露店や小さな軽食店でもチャパティよりも、パロタのほうが多く売られているんですよね。どうしてなのか？　は謎ですが、なぜか渦巻き状にしたもののほうが好まれているんですよね。

さて、インドにはたくさんのパンの種類があるってことが、これでわかっていただけたと思いますが、東京でもお店によってはナン以外のパン類を楽しむことができるお店があります。

どこかというとインド人経営のインド人シェフがいるお店。本物のインド人のお店かどうか（ネパール人やパキスタン人がシェフのインド料理店、多し）⁇　の見分け方として、ナン以外のパン類を出す、出さないが一つの判断材料だったりするのですが、ナン以外のパン類を出すお店は経験的にインド人のお店である場合が多く、そして美味しいインド料理を食べさせてくれる場合がほとんどですね!!!

あまり数が出ないパン類を仕込むのは効率が悪かったりしますが、本物のインド料理を届けたい!!　というお店側の想いでメニューに載せている場合がほとんど。

それだけ料理にも、情熱と本物の美味しさが込められているってことなのです!!!

ナンではないパン類を見かけたら、迷わずにLet'sオーダー。インド料理の奥深さを味わっていきましょう。

最もよく食べられている薄焼きパンのチャパティは、簡単に作ることができます。

せっかくなので、レシピもアップしてみましょう。

パン作り未経験者でも簡単に作れる、インドの薄焼きパン「チャパティ」。

カレーと食べると、自宅なのにインド料理店気分♪♪

トルティーヤetc.としても使えるスグレモノなのですＹＯ!!

本来はアタ（全粒粉）を使いますが、こちらはどこでも売っている強力粉だけで作れる超簡単レシピです。

チャパティ　調理時間40分（ほぼ小麦粉の寝かせ時間）

【材料（6枚分）】
強力粉　２００g
オリーブオイル　大さじ1（サラダ油可）
塩　ひとつまみ
ぬるま湯　１００cc

〜作り方〜

・強力粉、塩、オリーブオイルをボウルに入れ、ぬるま湯を少しずつ加えながら混ぜ、手でしっかりとこねていきます。

・しっかりとこねると、気持ち良い弾力が出てくるので、そのあたりが目安。ベタベタする場合は強力粉を少量追加し、水分が足りない場合は、濡らした手でこねていくと調整しやすいです。

・ラップにくるんで30分ほど寝かせます。この作業を怠ると、焼いてもふっくらとせず、生地が硬くなります。

・寝かせた後は生地を6等分にして、めん棒で生地を伸ばします。打ち粉を使ったほうが快適に伸ばせます。

・あとは焼くだけ。油をひかないフッ素樹脂加工のフライパンで、中火で片面を焼き、少し膨らんできたら、ひっくり返しもう片面を焼き、キレイな焼き色が付いたら完成です!!!!

焼いた後に冷凍庫で保存して、食べる時に再び軽くフライパンで熱を加えれば焼き立てと同じ味わいになるので、作りすぎても大丈夫ですYO♪♪

上級者になるとアタ（全粒粉）で作りたくなりますが、ほぼ同じ分量と工程で作れます。水分量が若干多くなりますが、こねる段階で耳たぶくらいの柔らかさになればＯＫです。

【参考文献】

ジル・ノーマン著　長野ゆう訳『スパイス完全ガイド』（山と渓谷社）

リジー・コリンガム著　東郷えりか訳『インドカレー伝』（河出書房新社）

著者略歴

1974年、北海道生まれ。カレー研究家、日本野菜ソムリエ協会のカレーマイスター養成講座講師。世界初のカレーヒップホップユニット「SPICE BOYS」のラッパー。数カ月に1度、カレーラップを披露しながらお手製のカレー料理をふるまう新感覚のフードエンターテイメントショー「カレー夜会」を都内にて開催。カレーマニアを中心に注目を集めている。また本名の丸山周で、放送作家やラジオパーソナリティーとしても活躍中。

初《はじ》めての東京《とうきょう》スパイスカレーガイド

二〇一五年八月八日　第一刷発行

著者　スパイシー丸山《まるやま》

発行者　古屋信吾

発行所　株式会社さくら舎　http://www.sakurasha.com
東京都千代田区富士見一-二-一一　〒一〇二-〇〇七一
電話　営業　〇三-五二一一-六五三三　FAX　〇三-五二一一-六四八一
編集　〇三-五二一一-六四八〇　振替　〇〇一九〇-八-四〇二〇六〇

装丁　アルビレオ

写真　高山浩数

本文組版　朝日メディアインターナショナル株式会社

印刷・製本　中央精版印刷株式会社

ISBN978-4-86581-022-6